U0670568

故事中的创新思维训练

皮传荣 审稿

贺永立 程明 汪卯召 主编

曾洁 执行主编

重庆大学出版社

图书在版编目（CIP）数据

故事中的创新思维训练／贺永立，程明，汪卯召主编.--重庆：重庆大学出版社，2019.3
ISBN 978-7-5689-1458-1

Ⅰ.①故…　Ⅱ.①贺…②程…③汪…　Ⅲ.①作文课—教学研究—中小学　Ⅳ.①G633.342

中国版本图书馆CIP数据核字（2019）第001072号

故事中的创新思维训练
GUSHI ZHONG DE CHUANGXIN SIWEI XUNLIAN

审　稿　皮传荣
主　编　贺永立　程　明　汪卯召
执行主编　曾　洁
策划编辑：唐启秀

责任编辑：文　鹏　刘钥凤　　版式设计：唐启秀
责任校对：关德强　　　　　　责任印制：张　策

*

重庆大学出版社出版发行
出版人：易树平
社址：重庆市沙坪坝区大学城西路21号
邮编：401331
电话：（023）88617190　88617185（中小学）
传真：（023）88617186　88617166
网址：http://www.cqup.com.cn
邮箱：fxk@cqup.com.cn（营销中心）
全国新华书店经销
重庆市正前方彩色印刷有限公司印刷

*

开本：940mm×1360mm　1/32　印张：8.75　字数：220千
2019年3月第1版　　2019年3月第1次印刷
ISBN 978-7-5689-1458-1　　定价：29.80元

重庆和而不同教育　出品

给生命奠基

（前言）

当前故事书的数量可以用浩如烟海来形容，但大都为"心灵鸡汤"。心灵鸡汤的主要特征是：柔美温暖的语言，天天伴随欢乐，处处充满欢乐，暖身暖心。但是，人生和客观现实中不仅有暖心的事，还有令人寒心、令人酸心、令人痛心的事。某些"心灵鸡汤"是"味精汤"，是安慰剂，是粉饰现实，让人学会怎么去回避问题，不是让人直面现实、真正解决问题。我们的社会需要正能量，但正能量不止赞美，如果被赞美的事物不值得赞美，那就是颠倒黑白的负能量。

令人忧虑的是，那些无理性思维、无真知灼见的"感悟"，那些轻松愉悦、无真情实感的"正能量"，那些矫情、煽情的"美文"，却常常被作为作文素材推荐给学生。

何以解忧？唯有中华人民共和国教育部制定的《普通高中语文课程标准》（以下简称《课程标准》）。

既然小故事是作文素材，那么，就应该根据《课程标准》的相关要求来遴选故事。本书中的故事来自古今中外的经典，来自数十种报刊。此外，我们已进入"互联网"时代，云数据、自媒体提供了海量的信息，这也成为本书的资源。这决定了本书的权威、经典、新颖，彰显生命的本真。

本书体现创新思维。《课程标准》要求，"重视发展学生的思维能力，发展创造性思维""养成独立思考、质疑探究的习惯，增强思维的严密性、深刻性和批判性"。本书按照创新思维的结构和内涵——"发现问题""创新思维者的素质""创新思维的要素""思维定式""破除思维定式""视角转换""创新思维的广度和深度"以及"发散思维""逆向思维""收敛思维""批判性思维"——来构成独特的故事体例。

思维是语言的内核，语言是思维的物质外壳，思维的内容决定语言表达的形式。思维的发展与语言的发展相互依存，相辅相成。思维的发展与提升是语文核心素养的重要组成部分。本书内容丰富，语言睿智，展示了人生百态，拥有多维的视角，具有思维的广度；穿越了五光十色的表象，透视事情的本质，具有思维的深度；正视虚假和谬误，促进自我反思，具有思维批判性。本书有助于我们独立思考，敢于质疑，勇于探索，克服思维定式，提高思维品质，焕发生命活力。

本书浸润人文素养。《课程标准》要求："重视优秀文化传承，尊重和理解多元文化，关注当代生活。""通过阅读和鉴赏……陶冶性情，追求高尚情趣，提高道德修养。"显然，这是指一个人应具备的内在文化素质和修养，即人文素养。

人文素养包含尊重生命、尊重自己也尊重他人生命的价值观；人文素养包含自尊自重、自主自强、积极进取、乐于助人的"精气神"；人文素养包含爱家人、爱家乡、爱集体、爱祖国的思想情感；人文素养包含尊重自然、敬畏自然、了解自然、保护自然的境界；人文素养包含具有较开阔的国际视野，能够理解、尊重、包容多元文化的修养。强调人文素养即立德树人，体现了社会主义核心价值观。

本书蕴涵审美情趣。《课程标准》要求："让学生受到美的熏陶，培养自觉的审美意识和高尚的审美情趣，培养审美感知和审美创造的能力。"

一个个创新思维小故事不仅词语生动、句式灵活，善于运用修辞手法，显现视觉美，还含有节奏美、音乐美、哲理美、思辨美。它展现生命的多姿多彩，熏染着我们的情感和人生，让我们感知美、发现美、体验美、理解美、创造美，使我们的美感、品位、境界在语言的品析中得到升华，以审美的眼光认识生命，让美进入生命。

本书体现创新思维，浸润人文素养，蕴涵审美情趣，堪为作文的"大素材"。附在故事后的"思考"是编者与读者的互动，而"心得"则是编者的一孔之见，读者可以、也应该有别样的解读。

读本书，是美文的阅读，是思想的阅读，是生命的阅读。它可供师生阅读，亲子阅读，从而感受情感的冷暖，辨析心灵的脉动，思考哲理的精深，体验生命的多彩。

这是给生命奠基。

Contents

故事中的
创新思维训练

目录

三　创新思维的要素

——开启创新之门的钥匙

1. 直觉——人类的第六感官

2. 想象——九天揽月，五洋捉鳖

四　思维定式
——束缚创新的枷锁

五　破除思维定式
——打破思维的枷锁

六　视角转换
——横看成岭侧成峰

七　创新思维的广度和深度

——大狗小狗都要叫

八　发散思维

——像花园喷头多向发射

九　逆向思维
——翻看硬币的另一面

十　收敛思维
——剑桥下午茶效应

十一　批判性思维
——先有蛋还是先有鸡

发现问题

一

——创新从这里启航

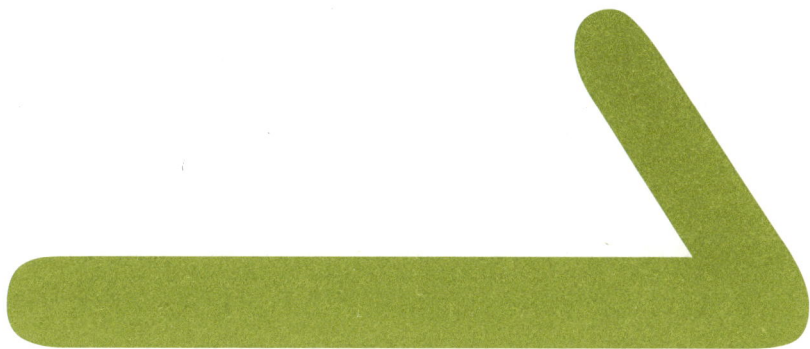

创新，从问题开始。当人们发现问题、提出问题、分析问题时，就意味着人们具有了新的思维、新的视角，进而深入地思考问题，提出新的见解、新的理论。

哈佛大学的"零点计划"

李灏

1967年，美国哈佛大学教育研究生院创立"零点项目"。立项的起因是美国与苏联的科学技术竞争。1957年，苏联发射了第一颗人造卫星，把美国抛在后面。美国举国上下感到震惊和耻辱，并指责教育落后。经过广泛的调查研究发现：美国的科学教育是先进的，但艺术教育落后，即美国科技人员较低的文化艺术素质导致了美国空间技术的落后。"零点计划"用"零"来命名，体现了哈佛大学研究者的良苦用心。他们用"零"来表示对文化艺术素质教育认识的空白，"零"也意味着一切从头开始。他们计划用20年的时间投入上亿美元让100名科学家对"零点项目"进行研究，对一百多所私立学校做实验，从幼儿园起连续20年追踪，其研究成果对美国教育影响特别大。1994年颁布的《美国教育法》第一次将艺术与数学、历史、语言、自然科学并列为基础教育核心学科，即相当于我国中学的主科或大学的必修课程，这引起了很大的反响。

科学与艺术的共同源头是思维，科学与艺术的最高形式都是抽象。"零点计划"研究通过艺术教育实施情商智商同时培养，实现形象思维与抽象思维共同发展。

爱因斯坦说："这个世界可以由音乐的音符组成，也可以由数字的公式组成。"他经常弹奏贝多芬的作品，一再强调想象力比知识重要。他说，如果没有早年的音乐教育，他无论在哪个方面都将一事无成。他说，从艺术里学到的东西比物理中学到的要多。

01 思考

科学和艺术怎样结合？

02 心得

吴冠中先生说："科学

揭示宇宙的奥秘，艺术揭示情感的奥秘。"这是科学和艺术各自的特性。艺术家的感情偏向是科学家所要克服的，也正是科学家所要学习的。一个优秀的科学家能将抽象和具象综合考虑，设计和生产的产品就会更加人性化，如乔布斯的"苹果"。

科学美和艺术美如日月双星，互为映照；如高山大海，一脉相连。

03 **适用话题**

智商与情商·形象思维与抽象思维·科学美与艺术美

大陆板块漂移说

李雪峰

魏格纳是 20 世纪最伟大的科学家之一，他创造和发现的"大陆板块漂移学说"是 20 世纪世界地理史上最伟大的学说。这样崭新又伟大的学说，是不是魏格纳皓首穷经、付出了巨大的努力才取得的来之不易的成果呢？不了解魏格纳的人都是这样认为的。但恰恰相反，大陆板块漂移学说不过是一个十分偶然的发现。在其发现过程中，并没有什么惊天动地的事情发生。

1910 年，魏格纳生病了，他不得不躺在医院的病床上接受治疗。病房的墙壁上挂着一幅世界地图。醒着的时候，魏格纳就盯着那幅地图来消遣时光，依靠观察那幅地图来打发医疗期那些枯燥而宁静的日子。一天，魏格纳突然发现了一件十分有趣的事情：通过地图来看，大西洋两岸好像是互补的。南美大陆巴西东部凸出的部分和大西洋彼岸的非洲大陆西海岸的赤道几内亚、加蓬、安哥拉凹缺部分十分对应，一方是凹陷的另一方必定是凸出的。魏格纳进一步细细观察发现，如果不是大西洋，那么南美大陆和非洲大陆完全可以吻合成一个天衣无缝的完整大陆。是不是这两块大陆过去就是一个整体，而由于地壳运动被意外地分开了呢？魏格纳陷入了沉思。

不久，魏格纳就开始着手对南美大陆和非洲大陆上的地质学、古生物进行研究，终于证实了一个令世界地理学耳目一新的理论：大陆板块漂移学说。原本寂寂无名的魏格纳也因此一跃成为世界上大名鼎鼎的地理学家。

成功和伟大并非如我们所想的那样高不可攀，在许多时候，它并不一定需要我们付出太多的东西，只需要我们对平常的事物有一颗不平常的心，只需要我们去多想那么一点点。

如果一个苹果落在你头上，你也能像牛顿那样多想一点点；如果对着一幅世界地图，你也能像魏格纳一样多想一点点……其实，伟大离我们每个人都不遥远，只需要你面对大家司空见惯的事物时，能比别人多想一点点。

01 思考

创新从发现开始。怎样才能发现问题？

02 心得

只要做生活的有心人，就会发现生活中许许多多

看似平常的小事往往能在我们前行的路上助我们一臂之力。因为有心，魏格纳从世界地图各大洲的凹凸轮廓发现了大陆板块漂移说；因为有心，斐塞司博士从躺在脚前晒太阳的

猫狗身上，研究出了日光疗养法；因为有心，牛顿从苹果落地发现了万有引力定律……只有做有心人，才能在生活中发现那些看来司空见惯、习以为常的东西的奇妙之处。只有做生活中的有心人，我们才能体验到成功。

03 **适用话题**

做生活的有心人·善于发现

发现埃及艳后木乃伊

韩冬

1898 年，法国考古队在埃及"国王谷"发现了古埃及十八王朝赫阿那顿法老的陵墓。当时，完好无损的法老木乃伊、闪闪发光的黄金器皿、鲜艳夺目的艺术珍品夺走了考古学家的目光，没有人关心同时挖掘出来的另外三具木乃伊。考古学家认为，这三具木乃伊没有多大考古价值，因为它们是从法老陵墓的侧室发现的，可能是法老的奴仆，而且它们损坏严重。于是，这三具木乃伊被胡乱地丢弃在一边。

1907 年，埃及考古界为保护赫阿那顿法老的陵墓，决定重新封闭墓室。在封闭之前，考古学家对放在墓室里的"不重要物品"进行拍照存档，三具木乃伊当中的一具被标注为"不明青年女尸"。

时间进入 1994 年，英国约克大学考古队的女研究员乔安·弗雷彻在研究 1907 年拍的那些照片时，她被这命名为"不明青年女尸"的木乃伊深深地吸引了。说不出为什么，她总觉得这具木乃伊非同寻常。她虽然没有充分理由说服埃及政府重新打开赫阿那顿法老的陵墓，但她认为，这具木乃伊肯定会给自己甚至世界带来一个意外的惊喜。

六年过去了，"不明青年女尸"不但没有淡出乔安的脑海，反而有一种越来越强烈的感觉：它是谁？为什么我的心中割舍不下它？她几乎每天都在思考。一个偶然的机会，她来到了德国的柏林博物馆。当她第一眼看到柏林博物馆的镇馆之宝——古埃及王后诺弗雷托托的全身雕像时，她觉得自己如遭雷击：眼前的她不正是在脑海里浮现了千百次的"不明青年女尸"吗？两者实在太像了：美丽的面孔，微挺的鼻子，简直就是一个模子里出来的。

乔安的心狂跳起来。但要想知道答案，必须把"不明青年女尸"从陵墓里起出来。可此时，要说服埃及政府重新打开陵墓不是一件容易的事，因为埃及政府不会轻易凭外国考古学家的推断就打开墓室的。在漫长的等待中，乔安只能通过当年法国考古队遗留的蛛丝马迹来研究，但收获不大。

2006年，埃及政府终于被乔安执着的精神所感动，答应把那具木乃伊交给她研究。此后不久，英国《星期日泰晤士报》刊出一条令全世界古埃及迷们瞠目的消息：英国和埃及两国的权威考古学家在长达12年的研究后断定，1898年法国考古队发现的，距今已有3 500年历史的一具埃及普通木乃伊是古埃及史上最有权力的绝代美女王后诺弗雷托托！在全世界的媒体面前，乔安·弗雷彻流下了激动的泪水。

01 思考

埃及艳后木乃伊的发现，给我们什么启示？

02 心得

在这个世界上，很多看似唾手可得的偶然发现其实都闪烁着执着之光。成功是黑暗天幕上遥远的星斗，假如没有数年如一日的持之以恒的思考和探索，没有一双能从别人忽略的地方看到醉人风景的眼睛，就不会发现这些星斗的熠熠闪亮。

03 适用话题

善于发现·执着·思考和探索

价值在于创新

高兴宇

1987年，美国的两个邮递员科尔曼和施洛特无意中看到一个小孩拿着一种发亮光的荧光棒。这家伙能派上什么用场呢？在胡思乱想中，两个人随手把棒棒糖放在荧光棒顶端。结果，光线穿过半透明的糖果，显现出一种奇幻的效果。这一小小的发现让两人惊喜不已。他们为此申请了发光棒棒糖专利，还把这专利卖给了开普糖果公司。

奇迹由此开始。两个邮递员继续想：棒棒糖舔起来很费劲，能不能加上一个能自动旋转的小马达？由电池对它进行驱动，这样既省劲又好玩。这种想法很快付诸实践。对他们来说，这种创造太简单了！旋转棒棒糖很快投入市场，并且获得了极大的成功。在最初的六年，这种售价2.99美元的小商品一共卖出了6 000万个。科尔曼和施洛特得到了丰厚的回报。

更大的奇迹还在后面。开普糖果公司的负责人奥舍在一家超市看到了电动牙刷,虽有许多品牌,但价格都高达五十多美元,因此销售量很小。奥舍灵机一动:为什么不用旋转棒棒糖的技术,用五美元的成本来制造一支电动牙刷呢?

奥舍与科尔曼、施洛特立即着手进行技术移植。很快,美国市场上最畅销的旋转牙刷诞生了,它甚至比传统牙刷还好卖。在2000年,三个人组建的小公司卖出了1 000万把该种牙刷!这下,宝洁公司坐不住了。相比之下,他们的电动牙刷成本太高了,几乎没有市场竞争力。于是,经过讨价还价,2001年1月,宝洁收购了这家小公司,首付预付款1.65亿美元,三个创始人在未来的三年留在宝洁公司。过了一年多,宝洁公司便提前结束与奥舍、科尔曼、施洛特三人的合同。因为宝洁公司发现电动牙刷太好卖了,远远超出了他们的预料。借助一家国际超市公司,它已在全球35个国家进行销售。按照这种趋势,宝洁在三年合同期满后付给奥舍三人的钱要远远超出预期。最后经过协商,合同提前终止。奥舍、科尔曼、施洛特一次性拿到了3.1亿美元,加上原来1.65亿美元的预付款,共4.75亿美元。这是一个令人头晕目眩的天文数字,如果用卡车去银行拉这么多现金,恐怕要费上相当一番工夫!

一个人可以不去奢望那4.75亿美元,但不应该忽视技术创造、灵感创意这些成功的要素。

01 思考

两个邮递员为什么能创造奇迹?

02 心得

平庸者安于现状,成功者创造奇迹。成功者之所

以成功，在于他对生活多了一份细腻的心思，并勇敢地进行改变和创造。生命随时都有可能产生奇迹，它就像失落在路上的珍宝，只有生活的有心人才能发现。

淡水就在脚下

朱国良

朋友大学毕业后应聘到一家集团公司工作。一进入公司，领导就让他负责华东地区的销售。凭着过硬的专业知识和聪慧的头脑，他很快在华东地区打开了局面，在短短的一年时间里，便成为公司里业务量最大的销售员。

但就在他春风得意准备在来年大干一场时，却意外地接到公司的通知，让他去负责西北地区的销售。

他知道那个所谓的西北地区，公司的产品在那里没什么知名度，派出过几任销售代表，都因业绩欠佳而铩羽而归，最后都一蹶不振地离开了公司。或许这是公司即将辞退自己的信号？他想与其到时丢尽颜面地走，还不如现在自己主动炒公司的鱿鱼。

思考了三天后，他怀揣着一张辞职书惴惴不安地走进了公司总经理的办公室，还没等他开口，总经理让他坐下并给他倒了杯茶，说先要给他讲个故事：亚马孙河的入海处是一片辽阔的洋面。一天，有一艘外国轮船经过这里，发现船上的淡水喝光了，只好向另一艘船求救，要求给一点淡水。对方船员用旗语告知："淡水就在脚下！"他们将信将疑，很不情愿地打了一桶上来，喝后方知果然是淡水。原来，亚马孙河的水流大而湍急，故而把入海口的海水冲淡了。

讲完这个故事，总经理没有再说什么，只是微笑地看着他。朋友迟疑了片刻，拿出辞职信，当着总经理的面撕个粉碎，便踏上了去西北的路。

到达西北之后，他凭着努力和干劲，使西北地区的销售业务大有起色。而西北也并不像那些以前的失败者所说的那样一无所有，那里其实也充满商机，只是未被发掘而已。

一次醉酒后，已是公司的销售总经理的他微睁着一双醉眼对我说："生活中，脚下的'淡水'其实很多，只是未被我们发现而已。"

01 思考

要么你驾驭环境，要么环境驾驭你。你怎样抉择？

02 心得

这个小故事一波三折，耐人寻味。那位朋友先在华东地区旗开得胜，接下来担心在西北铩羽而归，准备辞职，而转机是受一个更小的小故事的启发："淡水就在脚下。"

的确，生活中，只要稍稍转换一下视角，变换一下位置，就会有新的发现、新的收获。你驾驭了环境，"淡水就在脚下"。

03 适用话题

善于发现·转换视角

哥伦布立蛋

刘建

意大利著名航海家哥伦布发现新大陆不久，在西班牙的一次欢迎会上，有位贵族突然口出狂言："发现新大陆没什么了不起，这不过是件谁都可以办到的小事，根本不值得如此张扬。"这位贵族继续大言不惭地说："哥伦布不过就是坐着轮船往西走，再往西走，然后在海洋中遇到了一块大陆而已。我相信我们之中的任何人只要坐着轮船一直向西行，都会有这个微不足道的发现。"

哥伦布听完贵族的这番"高论"之后，并没有表示出丝毫的尴尬。只见他漫不经心地从身边的桌上拿起一个煮熟的鸡蛋，微笑着说："各位请试一试，看谁能够使鸡蛋的小头朝下，并竖立在桌上。"

大家用尽了各种办法，想把鸡蛋竖立起来，却没一个人获得成功。此时，那位贵族又开口道："要想把鸡蛋竖立在平滑的桌上，那是绝对不可能的事情。"哥伦布听闻，拿起手里的鸡蛋，用小头往桌上轻轻一敲，鸡蛋便稳稳地竖立在了桌上。众人先是一愣，继而报以热烈的掌声。

之后，哥伦布说了一句颇富哲理的话："不破不立也是一种客观存在，但就是有人发现不了！"

---

01 思考

为什么除了哥伦布，其他人都不能把鸡蛋立起来？

02 心得

传统的思维方式已经成为一种定式，让一些人在自缚的茧中无力自拔。当一种新生事物来临时，他们除了嘲笑、怀疑，便是无动于衷，无能为力。

③ **适用话题**

思维定式·勇于创新

二 创新思维者的素质

—— 像乔布斯一样

创新思维是思维的最高表现形式，它对创新思维者的素质有相应的要求。创新思维者的素质主要包括：天赋、个性、自信心、好奇心、强烈的兴趣、顽强的毅力等。

① **天赋**　　天使飞翔的翅膀

动物学游泳

双塔山

兔子是历届小动物运动会的短跑冠军，可是不会游泳。一次，兔子被狼追到河边，差点被抓住。动物管理局为了小动物的全面发展，将小兔子送进游泳培训班，同班的还有小狗、小乌龟和小松鼠等。小狗、小乌龟学会了游泳，又多了一种本领，心里很高兴；小兔子和小松鼠花了好长时间都没学会，很苦恼。培训班教练野鸭说："我两条腿都能游，你们四条腿还不能游？成功的90%来自汗水。加油！"

评论家青蛙大发感慨："兔子擅长的是奔跑，为什么只是针对弱点训练而不发挥特长呢？"思想家仙鹤说："生存需要的本领不止一种呀！兔子学不了游泳就学打洞，松鼠学不了游泳就学爬树嘛。"

---

01 思考

请你谈谈对这篇寓言的看法。

02 心得

这篇寓言告诉我们，受教育者自身的长处是有差异的，教育者应当因材施

14

教，发展学生的长处。虽然中小学生的可塑性极强，但他们的天资条件是有差异的，并且，这种差异可能很大。也就是说，在不同的领域，人对事物的敏感性、感受力和洞察力有所不同或大不相同。

比如，擅长形象思维的同学富于想象力，喜欢文科，喜欢读小说、诗歌，喜欢写记叙文，谈吐较有感染力，对蒙娜丽莎的微笑可能有新异的理解；而长于逻辑思维的同学喜欢理科，偏爱科普读物，作文偏爱写议论文，讲演长于逻辑演绎，对深奥的数学难题有一种天生的癖好。由此可见，因材施教多么重要！

03 适用话题

天赋·个性·因材施教

梵高：每幅画都是血管中喷出的鲜血

小石岭

小时候，他常让家人路人如见异物而尖叫。他爬上大树发出各种模拟声，用自己的裤子把自己倒挂在房梁上，半夜爬起来用伯父的画笔将自己梦中的怪景画满墙壁。

上学了，老师们对他分两种说法：一种说他是天才之上的天才，一种说他是臭狗屎。八岁时，他说过对所有人的看法："没有眼睛和脚的废画！"

11岁时，家人把他送进一所封闭式学校学画。有了强制之后，他的非凡天赋就转化成冰刺般的冷静和魔鬼般的画作。老师无法限定和评价他，他画出的画令所有老师和学生都看不懂。

12岁时，一个对他万分困惑的老师拿了他的一幅画去让一位大师看。那是一张粗线条素描形象画，所有人都看不出究竟是什么形象，如水如火似人似鬼若飞若舞……病卧于床的 87 岁的油画大师一下子从床上跳了下来，声泪俱下地大叫："神之作！他是谁？"

可惜，这位大师在"拜见"12 岁"神灵"之前病故了。

他 15 岁时不得不离开学校。学校容不下他，他的忍耐也到了极点。

家人只有用"生存"二字来"教育"他，让他在家族公司打工，销售版画，跟其他打工的一样，有钱吃饭，没钱饿着。凡人想不到，真正的天才发不了财，但绝对饿不死。他出去租房，卖自己的画，凡人不懂，画难卖，但也能活下去。

对于真正的男人，火山只能爆发一次。失恋之后，他转身别离爱情，学神学，研究和宣讲福音教义，成了一位非职业的福音传教士，开始为一群贫困的矿工服务，与工人们一起生活——在麦秸上睡觉，以土豆为食，穿破烂的衣服。他发现，貌似高贵的人连凡人都算不上，真正的凡人是与神相通的，那就是劳苦大众。于是，家人说他是精神错乱者，逼他学手艺。他一怒之下断绝了与家人的一切联系。

最后，他用一支左轮手枪对准自己的太阳穴，结束了自己 37 岁的生命。

而就在当年，他的一幅画被人拍出了 8 250 万美元的天价，他的《向日葵》以 59 亿日元的天价被日本人买走，他的《鸢尾花》和《迦赛医生像》分别以 73 亿及 127 亿日元卖出。所有人为他而疯狂起来，他带来了全世界的画价飞涨。好像所有人一下子都懂艺术了，也懂他了——最神奇的画家，最壮丽的人生，最非凡的爱情，最真实的天才……好像都成了不争的事实！

梵高，你一定在太阳之上的火天堂朝人间微笑——太阳之上的激情，活着时人们是睁不开眼睛的！

01 **思考**

梵高的天才艺术审美为何不被世人认可？

02 **心得**

由于超前，梵高所表现的天才艺术审美直到100年后才被世人发现、认可。漫长时间的不被理解，是大师一生中最大的磨难，而恰是这份磨难，令他的成功显得分外耀眼。梵高那种极端的情感固然不值得提倡，但他那种用满腔热情追求艺术的态度令人敬仰。因为唯有全身心地投入，才能酿造出人生最美的佳酿。

03 **适用话题**

天赋·对艺术的执着·全身心投入·发现

玩出了天才

廖华

　　玛丽的父母都是教师。玛丽四岁那年的夏天，他们一家人到乡间去避暑。那时三姐布罗妮雅已经七岁，过了年就要上小学了，所以父母教她念有字母的卡片。可是布罗妮雅不喜欢一本正经地去念，她便叫玛丽做学生，自己充当老师，把自己该念的叫玛丽念。

　　因为她们从小生长在学校环境之中，所以扮演起老师和学生来都能惟妙惟肖。四岁的玛丽居然只学过一次就全不会忘记。

　　快乐的暑假快要结束了，在回华沙之前，布罗妮雅接受了一次考试。

布罗妮雅吞吞吐吐地捧着书念。在旁边看到这情景的玛丽突然不耐烦地抢过姐姐手中的书，顺畅地朗读起来。

起初大家都很沉默，玛丽便得意地念下去。

后来，她突然感到气氛有点异样。因为大家过分沉默，使她怀疑自己是不是闹了笑话，或是闯了祸。

父母亲都瞠目结舌地看着自己。

玛丽以为自己一定要挨骂了，于是扔下书放声大哭起来："对不起，布罗妮雅……我不是故意的……实在是太容易念了……"

妈妈赶快抱起她说："别哭，玛丽，你真是太聪明了！你什么时候念得这么好呢？" 这事发生以后，玛丽变得更好学了。

玛丽后来成为著名的科学家，两次获得诺贝尔奖。她就是居里夫人。

---

01 思考

玛丽在玩中有何收获？

---

02 心得

爱玩是孩子们的天性。玛丽在玩中学习，而布罗妮雅却在学习中玩；布罗妮雅玩得平庸，玛丽却玩出了名堂。看来玩与玩不可同日而语。玛丽从玩中获得了知识，提高了能力，并产生了强烈的求知欲，这与她后来成为最伟大的科学家是分不开的。

---

03 适用话题

玩中学习·强烈的求知欲

② 个性 没有完全相同的两片树叶

世界上没有完全相同的两片树叶

星汉

德国近代哲学家莱布尼茨可以说是举世罕见的天才。出生于德国的他几乎研究了当时人类所了解的一切领域。

莱布尼茨被称为自然科学家、数学家、物理学家、历史学家和哲学家，正是由于上述这些因素，莱布尼茨的哲学显得卓尔不群。他不但涉猎范围十分广泛，而且他得出的一些结论也十分惊人。

莱布尼茨的博学使他名噪一时，当时的德国贵族都非常希望结交这样一位学术之星。据说，莱布尼茨曾经当过"宫廷顾问"。

有一次，皇帝让他解释一下哲学问题，莱布尼茨对皇帝说，任何事物都有共性。皇帝不信，叫宫女们去御花园找来一堆树叶，莱布尼茨果然从那些树叶里面找到了它们的共同点。皇帝很佩服。

这时，莱布尼茨又说"凡物莫不相异"，"天地间没有两个彼此完全相同的东西"。宫女们听了这番话后，再次纷纷走入御花园去寻找两片完全没有区别的树叶，想以此来推翻这位哲学家的论断，结果大失所望。因为粗粗看来，树上的叶子好像都一样，但仔细一比较，确是形态各异，都有其特殊性。宫女们累弯了腰，也没能找到两片大小、颜色、厚薄完全相同的树叶。

01 思考

"世界上没有完全相同的两片树叶"，这个故事告诉了我们什么道理？

02 心得

莱布尼茨给我们展示了自然界的神奇，我们人类又何尝不是如此呢？我们每个人都是一个独立的个体，也是一个独特的个体，因为没有任何其他人和你完全一样。我们要为自己的存在骄傲，因为每个人在世界上都是独一无二的。所以，请珍惜自己的生命，活出自己的精彩。

03 **适用话题**

独特的个体·活出自己的精彩

把自己变成一粒红豆

崔修建

四哥是农业院校毕业的大学生，他跟着几个同学接连赶了几个人才市场，都没有找到一份合适的工作。那天，再次遭遇挫折的他们，垂头丧气地走进一家小酒店，一边喝着啤酒，一边宣泄满腹的牢骚，直后悔自己当初进错了校门，选错了专业。

这时，一位身着名牌、神态悠然的年轻人走到他们面前，微笑着问他们："你们觉得自己很有才华，是吗？"

"那当然了，最起码我们是大学生。"一个学生毫不含糊地说。

"大学生遍地都是，有才华不是靠嘴上说的，是靠行动来证明的。"年轻人拉过一个凳子坐下来。

"可那些用人单位连让我们证明的机会都不给呀！"另一个学生抱怨道。

"那是因为你们还没有达到让人家一眼就看出水平的程度。"年轻人说着，随手打开自己携带的黑包，抓出一把饱满的绿豆来，放到一个空杯子里，让他们每人从中挑选一粒。

他们满脸疑惑地各自挑了一粒，拿在手里。这时，年轻人微笑着，让他们再仔细看看手里选的绿豆，记住它的特征，然后，又让他们把绿豆放回杯子里。年轻人拿起杯子轻轻摇晃了一下，又把杯子里的绿豆全倒在了桌子上，让他们找出刚才各自挑选的绿豆。

都是大小一样的绿豆，四个大学生瞪大眼睛，谁也挑不出。

这时，年轻人又从兜里掏出四粒红豆，扔到那一堆绿豆里面。用手摊了摊，问他们："能挑出我混进去的那四粒红豆吗？"

大学生们很轻松就挑出了那四粒颜色醒目的红豆。

"那么，现在我问你们，谁能证明自己是一粒与众不同的红豆呢？"年轻人收起桌子上的绿豆，给几个聪明的大学生留下了这个问题，便转身离去。

后来，他们惊讶地得知那位年轻人就是一家跨国种子公司26岁的总经理。在当今粮食连年滞销的形势下，他靠经营系列"红色粮食"闯开了市场。目前，他麾下拥有员工两千多人，资产逾亿元，而他现在的最高学历是初中毕业。

"再醒目一些，再特别一些，再超凡脱俗一些。"这是一位美国富豪的成功秘诀。四位大学生终于明白了：只是具备了一点才识便抱怨怀才不遇，却从没想过自己是不是一粒醒目的红豆！

01 思考

故事采用了什么表现手法来凸现创新人才的特色？

02 心得

记住，有魅力的、吸引眼球的，往往是特色鲜明的"这一个"，而不是几乎完全相同的"这一些"。本文运用了比喻的手法，用绿豆比喻默默无闻的芸芸众生，用红豆比喻卓尔不群的创新人才，凸现了创新人才的特色。

03 适用话题

芸芸众生与卓尔不群·特色鲜明·创新人才

傅园慧个性彰显（有删节）

马未都

在里约奥运会上，被粉丝称为"洪荒少女"的傅园慧无疑是一大主角。像一个乱入镜头的顽童，她把眼睛睁得几乎脱眶，"我有这么快？""我很满意"……毫不遮掩的快乐让人忍俊不禁；没有程式化的标准答案，她大笑露出并不整齐的牙齿，一路雀跃欢呼着跑开。这组魔幻乖张的表情包仿佛也被一种"洪荒之力"裹挟着，迅速冲刷网络，令她在全世界瞬间粉丝无数。

她成名于 2011 年世界青年锦标赛。同年，天津医科大学在全国范围内选拔一批高水平运动员，年仅 16 岁的傅园慧被相中。成为大学生后，身材适合游泳、爆发力强、水感好的她迅速走上了自己运动生涯的快车道：全国游泳锦标赛 100 米仰泳冠军，2012 年以第一名的成绩入选国家队，2015 年夺得世锦赛 50 米仰泳冠军，网上已开始疯传她的各种搞笑的表情包。"翻着白眼游到边""感觉自己快要死了""每天练到很想吐"……不循常规的"神语录"中，我们看到了艰辛的付出。

获得奖牌的人很多，但傅园慧只有一个。她的率真表达了自己内心的真实感受。中国人已经习惯了周全的、枯燥的、千人一面的统一口径的采访，尤其是体育大赛。

我们只听运动员说"拼"，没听运动员说过"累"，这次听见了；我们只听说过对自己"不满意"，从未听说过对自己很满意，这次听见了；我们只听说过对未来充满希望，从未听说过没有期望，已经心满意足了，这次也听见了。看惯了在镜头前面"装"的被采访后，突然看见这样一位不"装"且真实的选手，让国人多少有些不适应，傅家小妹成为网红的速度瞬间甩以往任何网红几条街。

01 思考

为什么傅园慧粉丝无数？

02 心得

这说明公众与个性的觉醒。公众早已厌恶了各类

滴水不漏的"感谢"，厌恶了违心的官话套话，厌恶了千篇一律的采访模式。傅园慧天马行空的表达打开了公众压抑已久的内心阀门。

让对傅园慧的采访改变未来吧！傅园慧的这一块铜牌在中国奥运史上无足轻重，但她在镜头面前的上佳表现却是中国奥运史上第一块人性金牌！

03 适用话题

千人一面与个性鲜明·洪荒之力

爱因斯坦的故事（有删节）

卞毓方

爱因斯坦是十大杰出的物理学家之一，也是思想家、哲学家，创立了相对论。

爱因斯坦小时候显得愚笨。一次工艺课上，老师从学生的作品中挑出一张做得很不像样的木凳对大家说："世界上再也不会有比这更糟糕的凳子了！"在哄堂大笑中，爱因斯坦红着脸站起来说："这种凳子是有的！"他从课桌下拿出两张更不像样的凳子，说："这是我前两次做的，交给你的是第三次做的，虽然还不行，却比这两张强多了！"

这个当年在老师眼里干什么都不会有作为的笨学生，却成为最杰出的物理学家。他说，他成功的秘诀是一个公式：$A = X + Y + Z$。他解释说，A 代表成功，X 代表勤奋，Y 代表正确的方法，那个 Z 呢，则务必少说空话。正是勤奋、正确的方法和少说空话，才使他由笨头笨脑变为巨人。

有人问爱因斯坦："什么叫相对论，你能用三言两语解释一下吗？"他立刻回答："如果你在一个漂亮的姑娘身边坐一个小时，你只觉得坐了片刻。反之，如果你在大火炉上只坐了片刻，却觉得坐了一个小时。这就是相对论。"爱因斯坦以生动的事例，幽默睿智地阐明了时间的相对性：没有绝对的长，也没有绝对的短，长与短都是根据具体条件而言的。

爱因斯坦的母亲是音乐教师，受母亲的影响，他拉小提琴，弹钢琴。感化心灵、启蒙灵魂的艺术和严整规格、一丝不苟的科学组成了他鹰击鹏翔的双翼。据说，他和另外一位物理学家常常就相对论展开辩论。每逢双方旗鼓相当，谁也说服不了谁时，他们就自动休战。这时，爱因斯坦拉起小提琴，朋友则弹起钢琴，那真是美妙绝伦的配合。然而，当一支乐曲刚刚奏到一半时，爱因斯坦会突然停下，拿弓使劲敲击琴弦——这是一个信号，意味着优美的旋律激发了灵感。朋友心有灵犀，也立即停止弹奏。争论于是重新开始。如果依然水不落石不出，双方僵持不下，爱因斯坦又会示意暂停，然后径直走到钢琴旁，用双手弹出三个清澈的和弦，并反复击打这三个和弦。像是在叩问大地："怎——么——办？"

弹着，弹着，大自然的心弦被拨动了，上帝的大门敞开了，创造的火花如漫空星斗闪烁。两个好朋友笑了，悠扬的乐曲又开始在房间回荡。

01 思考

爱因斯坦的科学精神与艺术爱好是怎样结合的？

02 心得

艺术的美与科学的美如日月双星、互为映照，如高山大海、一脉相连。爱因斯坦在物理学领域的非凡发现，正是建立在和谐、统一的宇宙美学原则之上。

03 适用话题

勤奋·正确的方法·少说空话·艺术美与科学美

不要破坏我的圆

星汉

阿基米德的父亲是天文学家和数学家，他从小受家庭影响，也十分喜爱数学。

大概在九岁时，父亲送他到埃及的亚历山大城念书。亚历山大城是当时西方世界的知识、文化中心，学者云集，举凡文学、数学、天文学、医学的研究都很发达。阿基米德在这里跟随许多著名的数学家学习，包括有名的几何学大师——欧几里得，因此奠定了他日后从事科学研究的基础。

传说在阿基米德晚年，在叙拉古与他的盟国罗马共和国分裂后，罗马派了一支舰队来围城。当时阿基米德负责城防工作，他设计制造了一些灵巧的机械来摧毁敌人的舰队。他用投火器将燃烧的东西弹出去烧敌人的船舰，用一些起重机械来把敌人的船只吊起掀翻，以致后来罗马人甚至不敢过分靠近城墙。

但最终罗马人还是攻入了城内。据说罗马兵入城时，统帅马赛拉斯因为敬佩阿基米德的才能，曾下令不准伤害这位贤才。而阿基米德似乎并不知道城池已破，仍沉迷于数学的深思之中。当罗马士兵闯入阿基米德的住宅时，只见一位老人在地上埋头作几何图形。士兵将图踩坏，阿基米德怒斥士兵："不要破坏我的圆！"士兵拔出短剑，这位旷世绝伦的大科学家竟在如此愚昧无知的罗马士兵手下丧生了。

马赛拉斯对于阿基米德的死深感悲痛。他将杀死阿基米德的士兵当作杀人犯予以处决，并为阿基米德修了一座陵墓，在墓碑上根据阿基米德生前的遗愿，刻上了"圆柱容球"这一几何图形。

---

01 **思考**

在生命的最后一刻，阿基米德说"不要破坏我的圆"，表现了阿基米德怎样的个性特点？

02 **心得**

"不要破坏我的圆"，这是一个朴实的哲学家最后的言语，同时也是最有力的言语。阿基米德用自己的一生向我们阐释了这种永不停息的探索精神。

哲学思维的基本习惯就是强烈的好奇心对未知的不断探索。这种强烈的探索，不仅是知识，更是一种心性、精神的探索。通过探索，不断地历练生命，让自己的身心自由翱翔。

03 适用话题

探索精神·历练生命·身心自由

坚守你的高贵

崔鹤同

　　一个年轻人决心以写作为职业，并一直孜孜以求。但在相当长的时间内却没有令人满意的作品，为债务所困，穷困潦倒。尽管如此，为了使作品臻于完美，他总是一遍遍地修改。一次，在小说付印的前一刻，他还要求出版商等一等，说某些地方得改动。

　　出版商不同意，因为这会增加成本。但年轻人却坚决要修改。出版商恼怒了："如果你愿意损失稿费的话，你就可以改！"如果换作一般人，就会妥协，但年轻人却毫不犹豫地放弃了一半稿费，将那部小说进行了修改。正是这种兢兢业业、一丝不苟的精神，使得他的作品越写越好，最终成就了一位伟大的作家。他就是大名鼎鼎的、19世纪法国伟大的批判现实主义作家巴尔扎克，一个堪比拿破仑"用笔完成他用剑所未能完成的事业"的杰出作家。

有一位建筑设计师，为一家大公司做建筑设计。公司对他的设计方案不满，要求改变一些细节。而在设计师看来，这些改变会影响整座建筑的审美取向，不同意改动。但公司是买主，决意要改动。公司对设计方案的评判直接关系到设计师的报酬。但设计师竟然坚持己见，不买账。公司很恼火，威胁他：如果不改变，我们有权终止合同！设计师说：我宁愿带着自己的才华回家睡觉，也不会将平庸的思想安插进我的设计蓝图……

这个设计师叫贝聿铭。在他驰名世界后，曾经为北京香山一处建筑做规划设计。但是，施工者并没有严格按照贝聿铭的蓝图去做，而是将建筑大门前的小广场按自己的"感觉"另行安排。贝聿铭发现后痛心疾首，从此再也没有去过那里。

至今，那座建筑也没有因设计师是贝聿铭而辉煌，因为它不像是大师的作品。

也正因为贝聿铭遵循自己的设计理念和艺术风格，不为利益所左右，心无旁骛，一路走来，终成世界顶级设计大师。

坚守你的高贵，做你自己，你将作别平庸与猥琐，成就非凡与卓越。

01 **思考**

巴尔扎克、贝聿铭是怎样守住自己的高贵的？

02 **心得**

坚守你的高贵，做你自己，你将作别平庸与猥琐，成就非凡与卓越。巴尔扎克写小说坚持一遍遍

地修改使作品臻于完美，他为了在印刷前继续修改，愿意损失稿费。贝聿铭坚持自己的设计方案，不为利益买账，不受威胁，遵循自己的设计理念和艺术风格，终成世界顶级设计大师。

03 适用话题

坚守高贵·平庸与非凡·猥琐与卓越

你总有一样拿得出手

王景嵫

43 岁的王强移民去了美国。大凡去美国的人，都想早一点拿到绿卡。他到美国后三个月，就去移民局申请绿卡。一位比他早到美国的朋友好心提醒他："你要有耐心等。我申请都快一年了，还没有批下来。"

王强很自信地笑笑，说："不，不需要那么长时间，我想大概三个月就够了。"朋友认为他在说大话，事实上，王强并没有说大话。他去移民局申请绿卡，果然得到了批准，填表盖章，绿卡很快就拿到了。

朋友十分不解，跑来问王强："你的年龄比我大，申请比我晚，钱没有我多，凭什么比我先拿绿卡？这太不公平了。"他微微一笑，说："因为钱。"

朋友接着问："你来美国带了多少钱？"王强耸耸肩膀，轻松地回答："我带了十万美元。"

"可是我带了百万美元，为什么不给我批反而给你批呢？"他的朋友心里更不平衡了，想不通这是什么道理。

"我的十万美元，在我到美国的三个月内，一部分用于消费，一部分用于投资，一直在使用和流动。这个，在我交给移民局的税单上已经显示出来了。而你的 100 万美元一直放在银行里，没有消费变化，所以他们不批准你的申请。"

美国是一个十分注重效率和功利的国家，你要对美国的社会经济发展有益，美国才会接纳你。在美国拿绿卡，只有两种人可以：一种人是来美国投资或消费的；还有一种人就是有技术专长的。

与王强一起申请绿卡的还有一位中国中年妇女。从她被晒成古铜色的皮肤看，可以断定她是一位户外工作者。出于好奇，王强上前和她搭话。一问才知，她来自中国北方农村，因为女儿在美国，才申请来美国，她只读完了小学，连普通话都讲得不太好。

可就是这样一位英语只会说"你好""再见"的中国农村妇女，也在申请绿卡。她的申报理由是有"技术专长"。移民官看了她的申请表，问她："你会什么？"她回答说："我会剪纸画。"说着，她从包里拿出一把剪刀，轻巧地在一张彩色亮纸上飞舞，不到三分钟，就剪出了栩栩如生的各种动物图案。美国移民官瞪大眼睛，像看变戏法似的看着这些美丽的剪纸画，不由得竖起拇指，连声称赞。这时，她从包里拿出一张报纸，说："这是中国《农民日报》刊登的我的剪纸画。"

美国移民官一边看，一边连连点头，说："OK！"她就这么 OK 了。旁边和她一起申请而被拒绝的人又羡慕又嫉妒。这就是美国。

01 思考

王强和那位农村妇女给我们什么启发？

02 心得

你可以不会管理，你可

以不懂金融，你可以不会电脑，甚至你可以不会英语。但是，你不能什么都不会。你必须会一样，你要竭尽全力把它做到极致。

这样，你就永远 OK 了。

03 适用话题

有绝活·做到极致

她比真正的公主更像公主

红河康辉

她一出生，身价就达 21 亿美元；她的爸爸是美国地产大亨唐纳德·特朗普，现任美国总统。她就是生而卓越，却努力到可怕的——伊万卡·特朗普。

伊万卡生于 1981 年，这样含金汤匙出生的富家千金，却没有一点娇生惯养的坏毛病。在她的记忆中，她和哥哥弟弟总会惊诧于一起玩耍的"富二代"同伴们的用词，"他们会说'我的游艇''我的私人飞机'……天哪，我们从来不敢这么说！爸妈让我们自小就有一种刻板印象：对于家里的奢侈品、游艇、飞机，我们只是得到恩惠的使用者，一不小心就会被剥夺'使用权'！"

她从小打工挣零花钱，父母只提供生活费和教育费。她 16 岁时，就凭借高挑的身材、靓丽的外形开始做兼职模特、拍杂志，后来在时尚圈名声大噪。但是她并没有在这条路上继续发展，而是选择步入商界。2007 年，伊万卡参加打造"特朗普酒店系列"，将特朗普酒店业的版图从纽约、芝加哥、拉斯维加斯一路扩张至巴拿马、东京，将"特朗普"三个烫金大字印在了世界版图上。

事业成功的伊万卡，私生活却很是规矩。美国媒体称："虽然伊万卡的身家比希尔顿家族的姐妹要丰厚，但她却非常内敛、谨慎。你几乎看不到她出入酒吧、夜店，也很少穿着暴露。她比真正的公主更像公主。"

⓵ 思考

为什么说伊万卡"比真正的公主更像公主"？

⓶ 心得

伊万卡从小自食其力，与一般的养尊处优的"富二代"不同。从超级模特到商界精英，她在父亲的商业帝国扮演着举足轻重的角色。无论是面对媒体还是面对观众，她总是面带微笑，平和而有智慧地应对各种问题。

套句俗话，伊万卡可以

说是真正集"美貌与才华"于一身的白富美。

⓷ 适用话题

养尊处优与自食其力·富二代·白富美

永远争第一

李雪峰

那是 1931 年，那时她刚刚六岁，在英国一个微不足道的小镇读一年级。她个子不很高，也很瘦弱。第一次在学校列队的时候，她站到了队伍的第一位，但眨眼的工夫，几个个头很高又很强壮的男同学就抢到了她的前边。

她不甘心，从后面的队列里一次次走出来，再一次次站到队列的第一位，但很快又被几个男同学挤到了后面。后来，老师来了，队列安静下来。就在老师要开口讲话的前一分钟，她又从后面的队列中走了出来，勇敢地站到了队伍的第一位。开始学习后，她很勤奋，也很努力，成绩总是排在全班的第一位。班上选举班长，当众多的同学都不知道应该选谁的时候，她勇敢地站起来说："选我吧，相信我是班长最合适的人选！"于是她当选了班长，而且是年年担任，从一年级到二年级，从小学到中学、大学。

即使是坐公共汽车，她也要坐第一排。别看她瘦弱，但在挤车时是拼命的，不坐在第一排绝不善罢甘休。在老家的那个小镇上，人们早熟悉了她的性格，在公共汽车第一排，即使人再多，也总要留下她的位置。

读大学后，她还是一如既往地时时处处抢在第一排，学习成绩次次第一，唱歌第一，跳舞第一，演讲第一，就是演戏剧，她也要争演第一主角。有时，为了争演男主角，她甚至不惜女扮男装。

四十多年后，她终于抢来了英国、欧洲乃至世界瞩目的第一，她通过激烈的竞选，成了英国开天辟地以来的第一位女首相。任首相后，她处理政务周密、果断、雷厉风行，雄踞首相职位11年，被世人惊称为"铁娘子"。

她就是扬名世界的著名政治家、英国前首相玛格丽特·撒切尔夫人。

在回顾自己的一生时，她说："我的人生之所以如此成功，是因为我自己的人生信条，那就是：永远争坐第一排，永远争做第一位！"

---

01 **思考**

读了此文你有何感受？

02 **心得**

争第一排，做第一位，永远争第一，激励自己出色，让自己远离平庸的旋涡，这是一个人从小成功走向大成功的唯一之路。

积累人生的成功，你就必须时时争人生第一排、人生第一位，因为，优秀是成功最主要的一个习惯。

03 适用话题

勇气·永远争第一·走向成功

费雯·丽与《飘》

冬至的光

把握机遇靠的是真情投入和真心付出，谁为之奋斗谁就离成功最近。玛格丽特·米歇尔的著名小说《飘》一经出版，立即风靡全世界。好莱坞制片人塞尔兹尼克计划将它搬上银幕，各路明星得到消息后也是争先恐后地参加角色选拔。几轮选拔后，其他角色都已选定，唯独女主角郝思嘉的演员迟迟找不到。当时，在好莱坞乃至世界影坛颇有声誉的大明星凯瑟琳·赫本、蓓蒂·黛维丝、琼·芳登等都纷纷向塞尔兹尼克表达了意向，可塞尔兹尼克一直都不太满意。

一位叫费雯·丽的演员，当时在好莱坞跑龙套，但她很想演这个角色。一天，她鼓足勇气，用了半天的时间化了妆，租了一套衣服，其他什么也没有带，直接找到了塞尔兹尼克。没想到，还没等费雯·丽说出自己的来意，塞尔兹尼克一见到她，就失声叫出来："噢，天哪！你就是郝思嘉！"此时的费雯·丽戴着宽边黑帽，深邃的眼睛闪烁出绿宝石般的光芒，黑色的衣衫紧紧裹着窈窕的身躯。

剧组所有人都在惊诧：费雯·丽没有名望，更没有公关，为何能击败那么多好莱坞大牌而成功上位？还是费雯·丽给出了答案。原来来剧组前，在两个多月的时间里，她夜以继日地将小说《飘》整整看了近30遍，每天都在琢磨郝思嘉的形象，她的一颦一笑、穿着打扮、生活习惯，甚至她睡觉的姿态都装在她的脑海里。到剧组应征时，她完全以剧中郝思嘉的形象出现在塞尔兹尼克面前，直接进入了角色，从衣服到言谈举止，再到她的眼神……这就是塞尔兹尼克一眼就"相中"她的原因。

这部影片后来定名为《乱世佳人》，公映后轰动了全美国和整个大洋彼岸。费雯·丽当仁不让地获得了第十二届奥斯卡最佳女主角奖，从此进入世界巨星行列。

01 思考

跑龙套的费雯·丽何以成为郝思嘉的扮演者？

02 心得

费雯·丽获得奥斯卡影后后，评审团如此评价：她有如此的美貌，根本不必有如此的演技；她有如此的演技，根本不必有如此的美貌。

费雯·丽在去世的前一天，曾给演员朋友送去两棵玫瑰，她说："如果你现在种，它们很快就会生根。"种花人把第一棵叫

作费雯·丽，另一棵叫作超级明星。费雯·丽的眼睛一下子湿润了，过了很久，她才说："所有的花都应该好好施肥……"

我们发现，大美人很少成为伟大的演员，因为她们不必这么做。但费雯·丽不一样，她有抱负、有恒心，认真且不乏灵感。

03 适用话题

高颜值且努力·认真且不乏灵感

我永远是鞋匠的儿子

张东升

林肯品质高尚，很有个性。可是在林肯当选美国总统的那一刻，整个参议院都感到尴尬，因为林肯的父亲是个鞋匠。当时美国参议员们的出身大部分是名门望族，自认为是上流的、优越的人，从未料到要面对的总统是一个卑微的鞋匠的儿子。

于是，林肯首次在参议院演说之前，就有参议员等着羞辱他。当林肯站上演讲台的时候，有一个态度傲慢的参议员站起来说："林肯先生，在你开始演讲之前，我希望你记住，你是一个鞋匠的儿子。"所有的参议员都大笑起来，为自己虽然不能打败林肯但是能羞辱他而开怀不已。等大家的笑声歇止，林肯说："我感激你使我想起我的父亲。他已经过世了，我一定永远记住你的忠告，我永远是鞋匠的儿子。我知道我做总统永远无法像我父亲做鞋匠那样做得那么好。"

参议院陷入一片静默。林肯转头对那个傲慢的参议员说："就我所知，我父亲以前也为你的家人做过鞋子。如果你的鞋子不合脚，我可以帮你改正它。虽然我不是伟大的鞋匠，但我从小就跟我父亲学到了做鞋子的手艺。"然后，他对所有参议员说："对参议院里的任何人都一样，如果你们穿的那双鞋是我父亲做的，而它们需要改善，我一定尽可能帮忙。但是，有一件可以确定的事是，我无法像他那样伟大，他的手艺是无人能比的。"说到这里，林肯流下了眼泪，所有的嘲笑声全都化为赞扬的掌声……

01 思考

林肯为何能将嘲笑声化为赞扬的掌声？

02 心得

人要挺直自己的脊梁，

在诽谤、嘲笑面前，绝不能退缩。鞋匠的儿子——林肯面对名门望族出身的参议员的羞辱，不卑不亢，自信自尊。他以极有个性的、坦诚的表达，折服了不可一世的参议员，化嘲笑为赞扬的掌声。

03 适用话题

不卑不亢·自信自尊·坦诚

扎克伯格的天价习惯

牧徐徐

1992年某个周四的下午，比尔·盖茨来到纽约的一所小学看望那里的师生，并且给全体小学生做了一场励志报告。临走时，盖茨表示，自己会在某个周四的下午再次来学校看望大家，到时候如果发现谁的课桌收拾得最整洁、最有条理性，谁就会获得他免费赠送的一部个人电脑。电脑在当时还非常昂贵和稀有，大家自然都希望得到。

因此当盖茨走后，每逢周四的下午，大家都会不约而同地将课桌收拾得整整齐齐，因为这是盖茨承诺来访的时间，而其他时候则不愿意动手收拾。但有一个学生却觉得盖茨有可能在周四的上午就来，于是，每个周四的上午他就开始动手收拾课桌。

之后，他又觉得，盖茨也许会在除周四之外的其他日子来访，于是他又决定每天都要收拾一次课桌。可是，每次收拾后不久，桌子便又乱了，他想，如果这个时候盖茨恰巧来了，那么自己之前付出的劳动和坚持岂不是白费了？于是，他又决定，必须要让自己的课桌每时每刻都保持整洁，这样就万无一失了。

可遗憾的是，盖茨此后却一直没有再来。其他的同学早就忘记了要继续收拾课桌，但这个学生却因此养成了一个随时保持整洁的习惯，并且从此学会了做事一定要有条理性和坚持性，这让他在后来的人生中受益颇丰。

多年后，他终于再次见到盖茨。但这次见面，盖茨并不是为了兑现当年的承诺——送他一台电脑，而是来送给他一件更大的礼物——用 2.4 亿美元购买他公司 1.6% 的股权，这还是因为他感激当年盖茨对他的无形影响而做出的让步。他就是创立 Facebook（脸谱网）——世界第一社交网站的马克·扎克伯格。

---

01 思考

做事要有条理性和坚持性，这对扎克伯格的事业有何作用？

02 心得

"思想决定行为，行为养成习惯，习惯形成性格，性格决定命运。"马克·扎克伯格由一言一行起步，最终实现人生、事业的辉煌，凭借的正是长期坚持而潜移默化的行为与思维习惯。

03 适用话题

行为与思维习惯·潜移默化·性格决定命运

小陈和扎克伯格的故事

西瓜小姐

曾经全世界都在问"为什么这个相貌平庸的女人拿下了扎克伯格？"

现在应该了解真相了，如果不是小扎够低调、努力、善良，光有那 446 亿美元的银子，这个优秀的女人估计还看不上他呢。

她的家庭并不富裕，但她的内心并不贫瘠

小陈不是一个白富美，小时候端盘子、洗盘子、睡地板是家常便饭。

她的全名是普莉希拉·陈，爸爸是旅居越南的华裔，妈妈是越南人，以难民的身份移民美国。

为了赚钱，她的父母必须每天工作 18 个小时，睡觉 6 小时。课余时间小陈也要在餐厅里帮父母干活，晚上全家人就在餐厅打地铺。因为父母太忙，她的童年主要是奶奶照顾。这位老人家不懂英文，只会说中文。她可能很难帮助孙女提高学习成绩，但她教会了小陈要成为一个自立、自信、自强的人。

小陈 13 岁的时候，就跑去问老师一个问题：怎么样才能考上哈佛大学？

上中学时，她就学业顶尖，还参加了各种社团，属于别人眼中那种"看起来毫不费劲"的学生。15岁的时候获得了环境研究奖，也拿到过科技挑战赛的冠军，被票选为年级里的天才学生。18岁的时候，她考入了哈佛大学。大一参加同学聚会的时候，在厕所门口排队认识了小扎，主动和他搭讪。那年小扎是哈佛二年级的学生，还没有创立Facebook，没钱，不帅，还有点呆。这个宅男会聊的话题估计是"我写了个代码……"，然后大多数女孩子应该觉得"什么鬼……"，谁知道，小陈自学过一点编程（毕竟是参加过机器人社团的），小扎说的C++语言笑话，她完全听得懂。于是两个人相谈甚欢……

01 **思考**

这是一个灰姑娘的故事吗？

02 **心得**

No，这是两个自立、自信、自强的天才的爱情故事。

03 **适用话题**

自立·自信·自强·爱情

她成了百亿富翁的女朋友　但她坚持自己的梦想和事业

学霸和IT宅男的爱情没那么多风花雪月，他们都要忙自己的梦想和事业（嗯，除了小扎有时候会翘掉考试，跑去和小陈约会……）。小扎创立了Facebook，她是第一批用户之一，顺便提一点小意见。小陈快要毕业的时候，小扎已经成了万人追捧的超级大富翁，他还有点小志忑地问小陈："你愿不愿意来和我一起工作？"

面对这种金山银山的诱惑，一般人都抵挡不住，结果毕业后小陈选择了……当一名小学自然课老师，并且和小扎开始异地恋。扎克伯格的Facebook很棒，但她要继续自己的步伐，不是跟在男朋友身后；她有自己的梦想，不是他人背后的女人，无论对方多么优秀。当她教书的时候，见到了很多穷人家的孩子饱受疾病的困扰，她意识到"如果孩子们不能健康生活，学业辅导就变得毫无意义"。2008年，她考入了加州大学医学院攻读儿科研究生课程，她在自己的Facebook主页上写道"努力学习，做一名医生"。从头到尾，她都没有停止过追求自己的人生价值，她要走的路和小扎没什么关系，但他们都在一起进步和成长。2012年，在Facebook上市前，扎克伯格参加了她的毕业典礼，他也在Facebook上写道："我太为你骄傲了，陈医生。"

01 **思考**

陈同学和扎同学的爱情惊天动地吗？

02 **心得**

No，这位学霸和那位IT宅男既没有花前月下，也没有山盟海誓，但他们各自都有执着的追求，"根，紧握在地下；叶，相触在云里"。

03 **适用话题**

执着的追求·心灵相通

她不想要奢华的生活，但她要和丈夫一起为这个世界努力

和扎克伯格在一起的时间里，她没有向谁宣告过"这个最年轻

的顶级富豪是我的男朋友"，她和小扎一样是低调、踏实、朴素的人。2010年小扎身家都不知道能买多少套房子了，但是两个人还是租房子，而且特别勤俭。小陈也曾经在北京协和医院默默无闻地做了几个月实习生，其间去上海看望了前来旅游的身价已有300亿美元的男友，才开始被很多中国媒体关注。百亿CP的生活也很简单，没有豪宅、名车、派对、绯闻……却充满着甜蜜的日常。"我们努力坚持自己的目标，坚持我们的信仰，以及我们渴望的生活：简单就好"。2012年小扎的Facebook在纳斯达克上市成功，他的身家达到300亿美元。

2012年5月19日，小陈获得博士学位，她和小扎在自己家的后院举行了简单的婚礼。婚礼的食物来自他们最爱的小餐馆，婚戒也不是名牌，而是小扎亲手设计的红宝石戒指。至于蜜月，吃的是麦当劳，而且还是坐在街边。这就是他们婚后的生活。日常代步车是本田飞度，1.6万美元，约人民币10万元，就算最贵的一辆车也不过是讴歌TSX，价值三万美金。

好多人依然觉得小陈不够漂亮，但是小扎说他不是没有和身材火辣的模特约会过，但是在他眼里，小陈最好。后来小陈怀孕的时候，他请大师安妮·莱博维茨拍了一组照片，他觉得太太是最美的。"普莉希拉的这张照片太惊艳了。我爱她的表情：强烈而又温和、充满力量和爱，既有领导力又能给予人很多支持。"她不是Facebook背后的女人，但是她影响了小扎很多。

当他们终于迎来了自己的女儿，夫妻俩决定将自己持有的Facebook 99%的股份（约450亿美元）捐赠给慈善机构，他们希望创造一个没有病痛、每个孩子都能获得平等以及个性化教育的世界。

现在他们又做了一个勇敢的冒险和尝试：捐出30亿美元进行基础医疗研究。

她说，想要和小扎一起，着手于"未来100年攻克所有疾病"

的伟大理想。

扎克伯格是这个时代最优秀的年轻人，他改变了人与人的互联方式。而今天小陈和他所做的事，也许会在未来深刻改变人类对自身以及疾病的认识。

那些曾经想不通扎克伯格为什么对她死心塌地的人，现在肯定也知道，这个女人足够优秀，他们根本就是天生一对。

01 思考

陈医生和扎老板是我们年轻人的楷模吗？

02 心得

Yes！我们可能没有他们那样的天赋，我们也不大可能成为全球最年轻的巨富，为慈善事业捐献数百亿美元的巨款。但是，他们执着的事业心，脱俗的爱情观，简朴的生活方式，博爱的情怀……永远是我们的楷模。

03 适用话题

慈善·脱俗的爱情观·简朴生活·博爱情怀

3 自信心　我就是一道亮丽的风景

改变命运的一个"能"字

王国军

他五岁的时候，父亲带他移民到了美国。由于成绩不好，加之生性异常好动，班主任很不喜欢他，曾不止一次找他在马里兰大学教书的父亲诉苦。

他六岁的时候，得了一场大病，右手基本上不能握东西。康复后不久，父亲却意外地发现他左手的能力异常突出。这让父亲欣喜若狂。

父亲多次找体育老师，让他刻意培养儿子左手的动手能力，这让老师们倍感诧异。因为在常人看来，右手才是活动的主要载体，右手出毛病了，应该是锻炼右手。

父亲微笑了，因为他知道左手是由右脑控制的，而右脑是想象细胞聚集的所在地，锻炼左手更能加快想象力的培养。

在父亲的计划中，他希望儿子长大后能成为一个有用的人，至少能沿着自己的轨迹成长，成为一名优秀的教授。但是他很快失望了。进入初中后，儿子突然变得腼腆，跟母亲说话都脸红，更别说和其他女孩子了。

细心的父亲观察了几周后，特意邀请了一个女孩到家里给他补课，他却躲进房间不敢出来。父亲见状，大声说："出去，我们家没有胆小鬼。"他望着父亲，因为父亲从没有这么大声训斥过他。父亲见收到效果了，便拍拍他的肩膀，柔声说："相信我，你能行的。"他挺直了身子，向门外望了望，又回头问："我真能行么？"

"能！"父亲果断地说。他硬着头皮走出去，嘴里一次又一次地念着：能，能，能。他的这番主动让女孩很惊讶，她没想到这个见了女孩躲闪都来不及的男孩居然昂头向自己走来。出于礼貌，她友善地笑了。也正是这一笑，让他更有信心了。在班上，他活泼多了，也积极参加各种活动。他以自己的勇气成功地获得了朋友们的认可。

他就是赛吉·布林，全球最有钱的九个年轻人之一，然而他并没有按照父亲给他设定的步伐成长。在斯坦福大学读博期间，他毅然选择了休学，并和拉里·佩奇一起创建了家喻户晓的互联网搜索引擎 Google。

在谈及成功时，他总是归功于父亲："没有父亲的那句当头棒喝，就没有我的今天。"他微笑着说，"因为'能'，所以在以后的岁月中，只要遇到困难或者挫折，我总会想起父亲的那句话，想起我'能'行，我'能'；因为'能'，所以我就会鼓起勇气；因为我'能'，所以我大胆地接受挑战。"

01 思考

为什么说"能"字改变了赛吉·布林的命运？

02 心得

赛吉·布林从小时的右手残疾，到青年时内心的胆怯，这些缺陷都曾阻碍他成长。而他的父亲不断地用行动、良言去激励他，陪伴他走过艰难的时期。赛吉·布林把成功都归于父亲那个坚定的"能"字。一个坚定的"能"字，建立了他的自信，改变了他一生的命运，成就了他的人生，亦成就了一位伟大的父亲。

03 适用话题

培养想象力·自信·改变命运

"蝴蝶总理"化茧成蝶

淡菊如烟

一个小孩，相貌丑陋，说话口吃，而且因为疾病导致左脸局部麻痹，嘴角畸形，讲话时嘴巴总是歪向一边，还有一只耳朵失聪。

为了矫正自己的口吃，这孩子模仿古代一位有名的演说家，嘴里含着小石子讲话。看着嘴巴和舌头被石子磨烂的儿子，母亲心疼地抱着他流着眼泪说："不要练了，妈妈一辈子陪着你。"懂事的他替妈妈擦着眼泪说："妈妈，书上说，每一只漂亮的蝴蝶都是自己冲破束缚它的茧之后才变成的。我要做一只美丽的蝴蝶。"

后来，他能流利地讲话了。因为勤奋和善良，中学毕业时，他不仅取得了优异的成绩，还获得了良好的人缘。

1993年10月，他参加总理大选。他的对手居心叵测地利用电视广告夸张他的脸部缺陷，然后写上这样的广告词："你要这样的人来当你的总理吗？"但是，这种极不道德的、带有人格侮辱的攻击招致大部分选民的愤怒和谴责。他的成长经历被人们知道后，赢得了选民极大的同情和尊敬。他说的"我要带领国家和人民成为一只美丽的蝴蝶"的竞选口号，使他以高票当选为总理，并在1997年再次获胜，连任总理。人们亲切地称他"蝴蝶总理"。他就是加拿大第一位连任两届的总理让·克雷蒂安。

01 思考

克雷蒂安凭什么穿破命运之茧，化茧成蝶？

02 心得

是的，有些东西我们无法改变，比如低微的门第、丑陋的相貌、痛苦的遭遇，这些都是我们生命中的"茧"。但有些东西则人人都可以选择，比如自尊、

自信、毅力、勇气，它们是帮助我们穿破命运之茧、由蛹化蝶的生命之剑。

⑩ 适用话题

化茧成蝶·自尊自信·毅力·勇气

艾莎·卡瑞：18 岁用发明打动谷歌公司

黄龙霖

艾莎·卡瑞是美国加利福尼亚萨拉托加市的一名女孩。像很多追赶时髦的年轻人一样，还在读初中时，她就喜欢拿着一部时尚手机，戴着漂亮的耳塞，听着流行音乐出入校园。可很多时候，她才听了不到一个小时的音乐，手机就没电了，而每次给手机充电都要经过三到六个小时的漫长等待。在抱怨手机充电器研发技术落后时，艾莎·卡瑞突然灵光一闪：为什么自己不去发明这种超级充电器呢？

随即，艾莎·卡瑞开始上网搜集有关充电器的知识和制造充电器的一切资料。在查阅了大量的资料均无进展的情况下，艾莎·卡瑞毫不气馁，继续研究。同学们都嘲笑她是异想天开，甚至背地里骂她是个"疯子"，可艾莎·卡瑞觉得自己的想法并不是天方夜谭，她坚信"有志者，事竟成"。

功夫不负有心人。一个偶然的机会，艾莎·卡瑞从一篇科技文章中了解到纳米技术。文章介绍说，当达到纳米级以后，物质就会发生突变，出现特殊的性能。经过无数次的试验，艾莎·卡瑞最终发明了一种以石墨烯为主要材料的超级手机充电器。实验证明：用这种充电器充电，能在短短的 20 秒之内将一块电量为零的手机电池充满电。这意味着，需要数小时才能为手机充满电的历史将要一去不复返了！更难能可贵的是，这种超级充电器不但体积非常小，携带方便，而且还具有储电量大、电量保存时间长等特点，使用户和他们的设备摆脱对电源插座的依赖。

2013 年 5 月，凭借这个具有革命性意义的发明，艾莎·卡瑞一举夺得了"英特尔基金年轻科学家大奖"和五万美元的奖金！目前，世界著名的谷歌公司已和艾莎·卡瑞取得了联系，正在商谈合作生产此项新产品的有关事宜。届时，产品一经推出，必将改变整个世界的充电器市场。

01 **思考**

艾莎·卡瑞为什么能发明超级手机充电器？

02 **心得**

相信自己、敢于大胆尝试、不断努力探索是艾莎·卡瑞成功的秘诀。自信是成功的基石，不自信以及唯唯诺诺、畏缩不前的人绝不会得到成功的青睐。

03 **适用话题**

自信·大胆尝试·努力探索

活出生命的色彩

佚名

她站在讲台上，不时地挥舞着自己的双手，仰着头，脖子伸得好长好长，与她尖尖的下巴扯成一条直线；她的嘴张着，眼睛眯成一条线，诡谲地看着台下的学生，偶尔她口中也会咿咿唔唔地，不知在说些什么。基本上她是一个不会说话的人，但是，她的听力很好，只要对方猜中，或说出她的意见，她就会乐得大叫一声，伸出右手，用两个指头指着你，或者拍着手，歪歪斜斜地向你走来，送给你一张用她的画制作的明信片。

她就是迪亚兹，一位自小就染患脑性麻痹的病人。脑性麻痹夺去了她肢体的平衡感，也夺走了她发声讲话的能力。从小她就因诸多的肢体不便活在众多异样的眼光中，她的成长充满了血泪。然而她没有让这些外在的痛苦击败她内在奋斗的精神，她昂然面对，迎向一切的不可能。终于她获得了加州大学艺术博士学位。她用她的手当画笔，以色彩告诉人"寰宇之力与美"，并且灿烂地"活出生命的色彩"。全场的学生都被她不能控制自如的肢体动作震慑住了。这是一场倾倒生命、与生命相遇的演讲会。

"请问迪亚兹博士，"一个学生小声地问，"你从小就长成这个样子，请问你怎么看自己？你都没有怨恨吗？"我的心头一紧：真是太不成熟了！怎么可以当着面，在大庭广众之前问这个问题？太刺人了，很担心迪亚兹会受不了。

"我怎么看自己？"迪亚兹用粉笔在黑板上重重地写下这几个字。她写字时用力极猛，有力透纸背的气势。写完这个问题，她停下笔，歪着头，回头看着发问的同学，然后嫣然一笑，回过头来，在黑板上龙飞凤舞地写了起来：

一、我好可爱！

二、我的腿很长很美！

三、爸爸妈妈这么爱我！

四、上帝这么爱我！

五、我会画画！我会写稿！

六、我有只可爱的猫！

七、还有……

瞬间，教室内鸦雀无声，没有人敢讲话。她回过头来定定地看着大家，再回过头去在黑板上写下了她的结论："我只看我所有的，不看我所没有的。"掌声由学生群中响起，看看迪亚兹倾斜着身子站在台上，满足的笑容从她的嘴角荡漾开来，眼睛眯得更小了，有一种永远也不被击败的傲然写在脸上。

01 思考

面对不幸，为什么迪亚兹嘴角会荡漾起满足的笑容？

02 心得

面对不幸，迪亚兹笑而置之："我只看我所有的，不看我所没有的。"她用"内在的奋斗精神"去击败"外在的痛苦"，她征服了"一切不可能"，她用她的手当画笔，画出了灿烂的"生命的色彩"。

她写在黑板上的文字，将永远鲜活地印在我们的心上。

03 适用话题

笑对不幸·征服"不可能"·创造奇迹

抬起头来

陈鲁民

有个女孩儿，从清华大学建筑学院毕业后，顺利拿到美国哈佛大学研究生院的录取通知书。可是，没想到一切都准备好了，却在美国大使馆办理签证时连续两次被拒。女孩儿很伤心，躲在宿舍里哭。

　　一个要好的同学劝她，为什么不找个咨询公司帮忙？挺灵的。女孩儿心动了，找到一家叫"信心"的咨询公司。公司只有三个人，老板加两个助手。老板把女孩儿拿来的签证材料看了一遍说："你的材料没问题。"又让女孩儿详细介绍了两次被拒绝的经过，女孩儿细声细语地讲着，眼睛低垂，头也低着，不敢与老板对视。老板听着听着，打断那女孩儿："不要说了，你的毛病就在这。"

　　原来，女孩儿性格内向，不善与生人交往，一说话就脸红，还老爱低眼垂眉的，给人一种没有自信的感觉。老板很有经验地对女孩儿说："你在我们公司主要训练三项内容，即抬起头来，眼睛平视，大声说话。"于是，两个星期里，那两个助手什么也不干，就是想办法让那女孩儿养成抬起头来与人平视的习惯，并训练她大声说话。

　　第三次签证，半是习惯，半是刻意，女孩儿始终高昂着头，眼睛直盯着那个签证官，侃侃而谈，应对如流，从容不迫。那个签证官狐疑地看着前两次的拒绝记录，嘴里嘟嘟囔囔地说："不自信，吞吞吐吐，不敢抬头……"好像说的完全不是这个女孩。最后，他微微一笑："你很优秀，看不出有拒绝你的理由，美国欢迎你。"整个过程只有五分钟。

　　这个女孩儿就是我的女儿，现在在美国哈佛大学建筑学院读书。

01 思考

自信，怎样表现出来？

02 心得

"抬起头来，眼睛平视，大声说话"，这就是与人交谈时自信的表现。作者用自己女儿的亲身经历表明了自信的重要性。自信是一个人形象气质的最佳表现，也是一种想要成功的人的必备素质。假若你的心是强大而自信的，你的行动就会跟随你的思想，变得从容而镇定。

文中，对比了女儿心理训练前后的巨大变化：由内向、腼腆，变得大方、自信。正是这种自信打动了签证官，女儿才能顺利到哈佛就学。

03 **适用话题**
自信·腼腆与大方

④ 好奇心　　叩开知识之门

校长发现学生的好奇心
冬雪

英国有一个学生叫麦克劳德，好奇而淘气。有一天他突发奇想，要亲眼看看狗的内脏是什么样的。于是他跟几个同学偷偷套住一只狗，宰杀后，把狗的内脏一一剥离、观察。这个情况被校长得知后，校长极为恼火，因为这只狗正是校长家里养的，并且是校长最喜欢的一只。校长决定对这几个孩子严加惩处，罚这场错误的发起者麦克劳德画一幅人体骨骼图和血液循环图。

这个处罚在很多人看来出乎意料，而校长则认为，孩子们的举动是受好奇心驱使，而好奇心正是探索未知世界的一种原动力。校长从麦克劳德的不当行为中看到了积极因素，所以，他采取了一个既理智又巧妙的处罚方法，让麦克劳德知道自己犯了错误，也保护了他的好奇心，还使他有了进一步学习生理知识的机会。麦克劳德决心改正错误，接受处罚，认认真真地画了两幅图交给校长。

许多年之后，校长将他保存的这两幅图捐献给了博物馆，因为那时麦克劳德已为这个国家，更为这所小学带来了巨大的荣耀。他没有辜负校长的一片苦心，成为著名的解剖学家。他研究发现了治疗糖尿病的胰岛素，而在此之前，人们还认为糖尿病是无药可治的。麦克劳德因此项发明在 1923 年荣获诺贝尔医学奖。

01 思考

学生犯了错误，该怎样进行惩罚？

02 心得

给犯错误的学生以合理的惩罚，有利于培养他们敢于负责、高度自律的品质。因此，教育不能没有批评和惩罚。那么，应该如何批评学生，怎样惩罚学生呢？

著名教育家陶行知曾提醒教师："当心你的教鞭下有瓦特，你的冷眼里有牛顿，你的讥笑里有爱迪生。"学生或子女犯了错误，做老师或家长的给予批评是应该的。但处罚不是图自己"消气"，更不是要"整人"，不能把学生或子女的好奇心、探求欲给"罚"没了。

03 适用话题

保护好奇心·合理的惩罚

5 强烈的兴趣 求知航船的引擎

法布尔与《昆虫记》

佚名

　　法国昆虫学家法布尔对昆虫的兴趣达到了痴迷的程度。在爷爷家旁边的山地上，绽开着许多美丽的花朵，法布尔常常跑到那里玩耍。微风吹拂，花朵轻轻摇摆，仿佛微笑着向他点头。花草丛中，飞舞着五彩缤纷的蝴蝶，蜂儿在忙着采蜜。法布尔四处奔跑着，观察着，他对大自然的一切感到好奇，他努力想探索自然的秘密。

　　一天晚上，正在屋子里的法布尔忽然听到一阵隐隐约约的"铮铮"声。在寂静的夜晚，是什么发出这种声音？他想赶快出去弄个明白。当他推门想走出去时，又犹豫了，因为大人经常告诉他天黑之后，狼会从树丛中钻出来的。怎么办呢？最后，强烈的好奇心终于使法布尔战胜了恐惧。他轻手轻脚走出屋外，站在金雀花丛后面仔细观察着。他惊奇地发现，每当金雀花丛被风吹得轻轻摆动时，来自那儿的"铮铮"声就戛然而止，这是为什么呢？第一晚他没有寻到答案。第二天，他再去观察，但仍然没有解开疑团。年幼的法布尔不肯罢休，第三天，他又去观察。他的辛苦终于有了回报：他在金雀花丛中抓到了发出鸣叫的小家伙。它不是小鸟，而是一只被人称作"纺织娘"的昆虫。

　　他观察昆虫习性，一蹲就是几个小时。他的注意力高度集中在这些昆虫身上，把自己的热情全部倾注到昆虫的研究之中。有人说他与昆虫建立了爱情，他恋昆虫，昆虫也恋他。他写的一部震惊世界的名著《昆虫记》，把艰涩的昆虫学诗化了，把昆虫讲得惟妙惟肖。有人形容他死后出殡时，蝴蝶在灵柩上盘旋，蟋蟀在路旁哭泣，螳螂也到坟前致哀。

01 思考

读了这篇文章，你认为兴趣对学习和思维有何作用？

02 心得

兴趣与创新思维密切相关，爱因斯坦把兴趣称为"最好的老师"。

从法布尔的《昆虫记》中，我们可以看到兴趣对学习和思维的作用。反之，如果学生对他学习的内容缺乏兴趣，要他在学习的领域进行创造性思考是不可能的。当然，兴趣是可以培养的。

此外，这段短文运用的修辞手法很有特色："蝴蝶在灵柩上盘旋，蟋蟀在路旁哭泣，螳螂也到坟前致哀"，拟人的手法表现了法布尔对昆虫强烈的兴趣和爱。

03 适用话题

兴趣·观察·高度的注意力

分数随你，梦想归我

陈艳

她从小有个梦想，就是要做一个牛仔，在辽阔的草原上，经营农场，骑马斗牛，充分体验那份狂野，上演速度与激情。

于是，她在老师要求学生写的一篇关于未来职业愿望的作文里，洋洋洒洒地写下了自己的梦想：一个英姿勃发的女牛仔，在一望无际的草原上牧马放牛。在飞扬的激情中，她单手骑在未被驯服的野马和野牛的背上，持续颠簸，坚持够了八秒不被摔下。她详尽描述了那一刻自己狂喜的心情，还顺便勾勒了那匹梦中的骏马是枣红色的，那头怒目圆睁的公牛的犄角长成冲天的样子。文笔细腻，情绪饱满。写完之后，她志得意满地交给了老师，心想一定会得一个很高的分数。

可是几天后，在发下来的作业上，老师却判了她不及格，还在旁边写下了一段批语："你的梦想不现实。第一，你是女孩子，狂野似乎不属于你。第二，你如果崇尚激情，完全可以从事你父亲的赛车行当，而不必去经营农场，骑马斗牛。尽管你家不缺钱，完全可以买下和养得起那些身价昂贵得让人不寒而栗的公牛。你还是再写一篇关于梦想的作文吧，星期五交给我。"

她看着老师的批语一时有些发懵。老师完全按照个人的审美和价值取向否定了一个孩子的梦想，这让她感觉很不爽。

回到家里，她问自己的赛车手父亲该怎么办？爸爸看了她的作文，略作思索，说道："甜心，梦想是你自己的事情，应该由你自己决定。老师和爸爸都不能干涉，也不能为你勾勒未来。"妈妈则抱着她的肩膀说道："骑马多威风啊，我要是晚生 20 年，我就去做牛仔，做一个威风凛凛的女牛仔！"爸爸赶紧制止妈妈说："梦想是孩子自己的事情，你不要影响她的决定。"

　　她听了父母的话，回到自己的房间，认真思考自己未来的梦想到底应该听谁的。

　　星期五，她走进老师的办公室，把作业交给了老师。老师翻开她的作业本，看到她的那篇作文没有丝毫改动，只是在老师的批语旁边赫然多了八个字：分数随你，梦想归我。

　　此后，她开始实践自己的梦想。她的执着感染了父母，他们没有为她去美国西部圈建牧场，而是为她修建了马厩，豢养了马匹，为她的梦想创造了最基本的条件，剩下的就是她需要投入的努力与拼搏。

　　梦想很丰满，训练很骨感。她每天要为马匹洗澡刷毛，要冲洗马厩，还要接受教练魔鬼般的训练。但为了自己的梦想，她只有咬牙坚持。那匹高大的阿拉伯马似乎也拿她开涮：还没等她骑上去，就高高扬起前蹄拒绝她；爬上马背，刚跑了没几步，它就突然一个疾停，把她重重地摔在地上，疼痛难当。但她不服输，爬起来连尘土也不掸一下，又骑上马背。慢慢地她可以熟练地驾驭马匹了，但是牛仔竞技需要单手骑在没有马鞍的光溜溜的马背上，这对于女孩子来说确实是个不小的挑战。可她硬是凭着不服输的劲头，摔下来爬上去，摔下来再爬上去，逐渐掌握了牛仔竞技的全部技巧，摔打成了一个名副其实的女牛仔。

　　2015年2月，不满18岁的她在世界牛仔竞技大赛上夺得了世界青年女子组第一名，终于圆了自己的梦想。她就是一代车王舒马赫的女儿吉娜·玛丽亚。

01 思考

　　"分数随你，梦想归我"，吉娜的这句话告诉了我们什么道理？

② 心得

"分数随你，梦想归我"，吉娜·玛丽亚这句话充满了豪情。梦想的魔力召唤她付出了无数的艰辛与努力，最终与梦想女神紧紧相拥。是的，梦想是要有的，那是一种未来的指引。而对于孩子的梦想，需要的不是无端的否定和干涉，而是支持和尊重，正如舒马赫一般。

③ 适用话题

兴趣·梦想的魔力·尊重且支持梦想

"我曾有梦"的苏珊大妈

佚名

还不知道苏珊大妈？那你肯定落伍了。

在2009年4月11日英国独立电视公司著名的选秀节目《英国达人》中，年龄有点大（47岁），长相有点雷人（身材臃肿、相貌普通），打扮有点老土（顶着一头乱发），说话有点语无伦次的苏珊·博伊尔上了台。面对又老又没明星相的苏珊，评委摩根漫不经心地发问："你的梦想是什么？"苏珊特诚实地回答："做专业歌手，成为伊莲·佩姬那样的歌星。"这一回答激起台下阵阵笑声。

音乐响起，苏珊开始演唱音乐剧《悲惨世界》中的曲目《我曾有梦》。就在她开口的一刹那，奇迹发生了：评委和在场观众立刻被浑厚而富有磁性的天籁之音所震撼，所有的鄙夷瞬间化成了倾慕，全场掌声雷动。苏珊成为全球的热议话题。英国媒体说，许多人被感动，是因为苏珊颠覆了以貌取人的大众娱乐文化。美国《娱乐周刊》的著名记者施瓦茨·鲍姆在博客上写道：如今的大众流行文化充斥着外形包装，而苏珊毫无矫饰的艺术力量"重新定义了美丽的衡量标准"。

苏珊本人怎样看待这个问题呢？苏珊说："我早就预料到人们看到我的外表会有些鄙视，但我决定让他们刮目相看。在参加《英国达人》之前，我一直没有合适的机会，但必须不断努力，一步一个脚印，永远不要放弃梦想。"

01 思考

苏珊大妈的传奇是怎样创造的？

02 心得

她的年龄、外貌和让人颇感尴尬的人生经历无法遮住她嘹亮的歌喉、朴实

可爱的个性以及因为对梦想的执着而产生的巨大魅力。就像网友说的那样："真不敢相信 47 岁的苏珊大妈拥有如此漂亮的声音！如同上帝吻过她的声带。成功前是 35 年的执着、倔强、辛苦和失落。感动于这个世界的神奇，原来上帝真的没有抛弃任何人，再平凡的人都能绽放自己的光彩，无论来得早、晚。"

03 适用话题

梦想成真·平凡与伟大·朴实可爱·顽强的毅力

6 顽强的毅力 朝圣者的信念

邂逅霍金

葛剑雄

自从《时间简史》在中国翻译出版后，知道霍金的人越来越多。青年学人争读《时间简史》，一时颇有洛阳纸贵之势。我没有看过这本书，一则太忙，二则有自知之明，未必看得懂。但我对霍金以高度残疾之身能写出如此经典著作的精神和业绩，却是充满了深深的敬意。

我知道霍金是剑桥大学的，想不到在来剑桥的第二周就见到了他。

7月15日下午，一位青年朋友约我一起去那家有百年历史的ORCHARD（果园）茶室，走过剑河边时他告诉我，傍晚霍金常在这里散步，有时可以遇见他。

六时半，当我们从茶室回家又经过剑河边时，忽然见到前面缓缓驶来一辆轮椅车，上面坐的正是霍金——和以前在照片上见到的完全一样。

车驶近了，我却呆滞了，是敬仰，是震惊，是凝视，是沉思……都是，或许都不是——在他经过我身边的那一瞬间，我什么也没有做，只是目送他静静地过去。

这是一个弱小的身躯，稍向右侧倾斜地靠在——或者说是被安放在——轮椅车背上。除了他的目光，似乎见不到他有其他动作。他的目光显得异乎寻常，可以看成极度冷漠，也可以视为显示着超常的魅力。我想走上前去，又下意识地摸着照相机，但我既没有移步，也没有拍照，就连拍一下他的背影的念头也很快被自己否定了。

或许是霍金独特的形象震撼了我。对于这样一位随时面对逼近的死神却依然像超人那样奋斗的人，对他的任何干扰都是一种罪恶，更不用说任何好奇的举动或过分的热情表现。

或许是周围的人感染了我。当霍金经过时，一切都是那么平静，认识他的和不认识他的人都毫无异样，就连照料他的老护士也不靠近他的轮椅，只是默默地跟随着。大家都尊重他作为一个正常人的生存权利。

霍金的轮椅渐渐消失了，就像路上无数过往的行人一样。

01 思考

像霍金那样活着，是幸还是不幸？

02 心得

霍金是不幸的，他在风华正茂时遭遇了罕见的疾

病，要用很大的努力才能抬起头来；他不能写字；看书必须依赖一种翻书页的机器，读文献时必须让人将每一页摊平在一张大办公桌上，然后他驱动轮椅如蚕吃桑叶般逐页阅读。要不然，凭着他的才华和毅力，他完全能为人类做出更杰出的贡献。

霍金是幸运的，他生活在一个人的价值得到充分尊重的时代，他也生活在一个科学技术高度发达的时代。他的轮椅上装满了大大小小的机械和电脑，他的面前就有显示屏和特

殊的键盘，这是 IBM 公司专门为他设计制造的，所以他才能自如地操纵轮椅，才能传达自己的思维，才能延续他的生命。

我更庆幸霍金生活在剑桥，他完全可以像常人一样生活，不必随时面对镜头、鲜花、握手和掌声，不用应付集会、宴请、报告和表彰，因为大家都懂得个人的价值和时间的可贵。

霍金在平静中度过了他不平凡的一生，愿其他的"霍金"也能那样幸运。

---

③ **适用话题**

不幸与幸运·尊重·顽强的毅力

董卿：每一天，都不应该草草地度过

鼹鼠

和大多数喜欢文艺的女孩一样，董卿儿时的愿望是当一名演员，但父母都不赞同。她不顾家里的反对，于 1991 年考入浙江艺术学院表演专业，毕业后被分配在浙江省话剧团，但到了团里之后并没有什么戏可演。也就在那一年，董卿的生活出现了变化。1994 年浙江电视台招主持人，她陪一个朋友去考试，也顺道考了一下，结果却意外被录取。就这样，她误打误撞迎来第一份主持人工作。

在浙江电视台工作了两年，既做主持又做编导，董卿的工作如鱼得水。就在这时，父母看到东方电视台要向全国招聘，便让她去试试。董卿并没有太在意地给上海寄去了带子，半年之后竟接到东方电视台的复试通知。1996 年，董卿成功进入东方电视台。

对上海正有点"七年之痒"时，中央电视台西部频道开播，《魅力 12》向董卿发出邀请。

起初，董卿每个月从上海飞到北京待七天，录好节目再回。来往半年，人很疲惫。最终，她决定放弃上海，专事北京。朋友劝她，她很固执："我买了新花瓶，旧花瓶一定在垃圾桶里。你们知道，我一向喜新厌旧。"

还是一个月七天的活儿，董卿每次走出电视台，总会踟蹰半刻。她闲怕了，又能去哪儿？她真想提上箱子转身就走，将呛人的流浪感丢在这陌生的城市！可是，"我现在要的是什么？不就是工作、激情和满足感？坚决不回！"她逼回眼泪。

这股狠劲儿被董卿把持在平湖秋月般的面容下面。她主持的节目，导演很放心：她除了博闻强识外更是准备充分，在台上是行云流水举重若轻；她懂得衣饰搭配，为了一双鞋子，肯跑遍整个北京；台后她拧着眉毛为了一句台词斟酌半天，一上台就舒展双眉笑得毫无忧愁，仿佛那些失眠和孤独的夜晚从不存在。

就这样，她从西部频道走入综艺频道，从地方话剧团走入央视春晚，主持《诗词大会》《朗读者》，从一个乡村小女孩长成荣誉等身并且至今仍未停下脚步的明星大腕！

"每一天，都不应该草草地度过！""只要心在那儿，就不在乎过程是那么难熬。"这些她偶尔蹦出的话，连起来也许就是她，甚至是每一个人能够成就一生的秘密所在。

01 思考

董卿的成才之路顺畅吗？

02 心得

董卿的成名之路，看似走得十分顺畅，然而任何机遇都绝非偶然。董卿之所以能稳稳地抓住每一次机遇，是因为她在私下不断地学习与充电。只有踏实地学习，打下坚实的基础，机遇才会看似偶然地出现在面前。

03 **适用话题**
抓住机遇·踏实学习·坚实的基础

杨丽萍的美来自不断折腾（有删节）

侯虹斌

在乍暖还寒的初春季节，还下着大雨，我专程从广州开车到东莞去观看杨丽萍的新舞剧《孔雀之冬》。我这一定是真爱啊。

杨丽萍又怎么会让我们这些真爱粉失望呢？这出舞剧的表演，每一刻都美到让人窒息，将"向死而生"的寓意表达得淋漓尽致。她已经不再是云南的孔雀了，而是更现代、更有实验性、更有哲理性的舞蹈家，简直就是用舞蹈来表现哲学，表现诗歌。

舞剧《孔雀之冬》取自《孔雀》"春、夏、秋、冬"中"冬"的一幕，独立成章，以"与冬天相恋、向死而生"为主题，用艺术的手法向观众讲述了生命的垂死、死亡、涅槃、重生的故事，以此传递人类对时间、命运、死亡和生命循环的思考。

最令人惊叹的是，59 岁的杨丽萍还亲自跳了多支独舞和双人舞，长达半个小时。她的身材与容貌美得惊人。在一众年轻美丽的舞蹈演员当中，她仍然是最苗条、最袅娜、最有力量的。我不得不一再赞叹，作为一个女性，她的力量感，她的表现力，她的沉潜与投入，与角色的相互阐释，始终是无与伦比的。

我坐在第一排，看得到她的透明衣裙上手臂与背部那结实的肌肉线条，有着微妙的起伏与张力。每一块肌肉都是杨丽萍从来不曾松懈的成果。

她是一位女巫，是一位仙女，也是一位女王。但她的美，并不是自然而然得来的，靠的也不是保养，靠的是每天在舞蹈房里排练和指导排练好几个小时，生命不息、舞蹈不止；靠的是她不断折腾，不断跨界，不断在新的领域里尝试，而且，每次进入新行当之后就一定要做得最好。

01 思考

为什么杨丽萍的美来自不断折腾？

02 心得

越折腾，就越有能量；越有动力，就越是青春永驻——精力永远旺盛的人，永远在跌跌撞撞尝试新事物的人，怎么会老？怎么会不美？

03 适用话题

折腾·尝试·创造美

寒门贵子
刘媛媛

前些日子有一个在银行工作了十年的资深 HR（人力资源管理师）在网络上发了一篇帖子叫作《寒门再难出贵子》，意思是说在当下我们这个社会，寒门的小孩想要出人头地、想要成功比我们父辈那一代更难了。这个帖子引起了特别广泛的讨论，你们觉得这句话有道理吗？

先拿我自己说，我就是出身寒门的。我们家都不算寒门因为我们家都没有门。我现在想想都不知道当初我爸跟我妈那么普通的一对农村夫妇，是怎么把三个孩子（我跟我两个哥哥）从农村供出来上大学、上研究生的。我一直都觉得自己特别幸运。我爸跟我妈都没怎么读过书，我妈连小学一年级都没上过，她居然觉得读书很重要。她吃再多的苦也要让我们三个孩子上大学。我一直也不会拿自己跟那些家庭富裕的小孩作比较，说我们之间有什么不同或者有什么不平等。但是我们必须要承认这个世界是有一些不平等的。别人有很多优越的条件我们都没有，别人有很多的捷径我们也没有，但是我们不能抱怨，因为每一个人的人生都不尽相同。有些人出生就含着金汤匙，有些人出生后连爸妈都没见过，人跟人是没有可比性的。我们的人生是怎么样，完全取决于自己的感受。你一辈子都在感受抱怨，那你的一生就是抱怨的一生；你一辈子都在感受感动，那你的一生就是感动的一生；你一辈子都立志于改变这个社会，那你的一生就是斗士的一生。

英国有一部纪录片叫作《人生七年》，片中访问了 12 个来自不同阶层的七岁的小孩，每七年再回去重新访问这些小孩。到了影片的最后，就会发现富人的孩子还是富人，穷人的孩子还是穷人。但是里面有一个叫尼克的贫穷的小孩，他到最后通过自己的奋斗变成了一名大学教授。可见命运的手掌里面是有漏网之鱼的，而且现实生活中寒门子弟逆袭的例子更是数不胜数。所以当我们遭遇失败的时候，我们不能把所有的原因都归结到出身上去，更不能去抱怨自己的父母为什么不如别人的父母，因为家境不好并没有斩断一个人成功的所有的可能。当我在人生中遇到很大困难的时候，我就会在北京的大街上走一走，看看人来人往，而那时候我就想："刘媛媛，你在这个城市里面真的是依无所依，你有的只是你自己，你什么都没有。你现在能做的就是单枪匹马在这个社会上杀出一条路来。"这段演讲到现在已经是最后一次了。其实我刚刚在问的时候发现我们大部分人都不是出身豪门的，我们都要靠自己。所以你要相信，命运给你一个比别人低的起点是想告诉你，让你用你的一生去奋斗出一个绝地反击的故事。这个故事关于独立、关于梦想、关于勇气、关于坚忍，它不是一个水到渠成的童话，绝非没有一点点人间疾苦。这个故事是有志者事竟成，破釜沉舟，百二秦关终属楚！这个故事是苦心人天不负，卧薪尝胆，三千越甲可吞吴！

01 思考

刘媛媛是怎样成功的？

02 心得

这是《超级演说家》节目总决赛冠军、北大才女刘媛媛的演讲词。她告诉我们：你必须承认，在生活中，困难是难免的，但是你不能任由命运来操控，你是命运的掌舵人，用你的一生去奋斗，"苦心人，天不负"！

03 适用话题

疾苦·掌握命运·苦心人，天不负

活下来的是傻子

老三

一架客机在大沙漠里失事，仅有 11 人幸存。沙漠的白昼气温高达五六十摄氏度，如果不能及时找到水源，人们很快就会渴死。

这 11 个人中，有大学教授、家庭主妇、政府官员、公司经理、部队军官……此外，还有一个叫彼得的傻子。

他们出发去找水源。大沙漠仿佛是个魔鬼，不断地同这些可怜人开着玩笑——他们先后三次欢呼狂叫着冲向水草丰茂的绿洲，可那绿洲却无情地向后退却、退却，直至消失。是海市蜃楼！

次日中午，当他们又一次被海市蜃楼愚弄后，所有人都躺倒了，除了傻子彼得。他焦急地问别人："那个水不就在这吗？为什么不见了？"

好心的家庭主妇告诉他："彼得，认命吧，那只是海市蜃楼！"

彼得不知道什么叫海市蜃楼，他只是渴得厉害，他只想喝水。他吃力地攀上了前面一座五十多米高的沙丘，突然高兴得手舞足蹈，连滚带爬地下来，兴奋地嚷着："水塘，一个水塘！"

这次，没有一个人搭理他，包括那个善良的家庭主妇。彼得什么也顾不上了，他拔腿再次朝沙丘上爬，翻过了沙丘，吼叫着消失在沙丘的另一边。

"可怜的傻子，他疯了！"大学教授嘟哝了一句。

二十多分钟后，当彼得刚冲到水塘旁时，狂风骤起，飞沙走石。彼得一跃跳进了水塘中……大风刮了一天一夜。三天后当救援人员寻找到他们时，那十个人已经全死了，有的尸首已被沙土掩埋了。只有水塘边的傻子彼得安然无恙，只是瘦了些。

救援人员把他带到遇难者的身边，询问这是怎么回事，这些人何以会死在距离水塘不到一千米的地方。

目睹伙伴们的惨状，彼得哭了。他抽泣着说："我和他们说那边有个水塘，他们说那是海市蜃楼。我不懂什么是海市蜃楼，我只想去那边喝水，我就拼命跑去了——真的，你们能告诉我什么是海市蜃楼吗？他们为什么这么恨海市蜃楼，宁愿渴死也不去喝海市蜃楼里的水？"

彼得瞪着他那双无知的、泪汪汪的大眼睛，虔诚地向救援人员请教着。

02 **思考**

"傻子"彼得为什么能活下来？

02 **心得**

彼得之所以能活下来，

是因为他虽然不知道什么是海市蜃楼，但他知道自己需要什么、该做什么。因为相信水源的存在，他坚持到底，找到了水源。在生活中，我们追求目标的过程不可能都是一帆风顺的，这时候，千万不要知难而退。要知道，只有保持那股一往无前的"傻劲"，你才能成为真正的赢家。

03 **适用话题**

知难而退与一往无前·坚持到底

莫言：王安忆得诺贝尔文学奖，争议肯定比我小

李浅予

王安忆是当代最高产的中国作家之一，她的勤奋几乎无人能及。她每天都在写作，在家里写，在会议期间写，在几万米的高空照样写。对于王安忆的勤奋，莫言曾笑言："你们要是有机会握握她的手，就知道她有多勤奋了：手特别硬，就像是毛毯厂的女工。"

莫言的话让我想起了另一位女性：作家刘震云的祖母。刘震云的祖母年轻时是位割麦子高手，几百米长的一垄麦子，她割完了，

回头一看，男人们连一半都没割完。祖母的"秘诀"是："下地之前，我就深吸一口气，对自己说一直割到底，割的时候，中间不要直起腰来。"

在谈到自己的写作时，王安忆的一段话恰好印证了这种"割麦子成功学"："写小说就是这样……拿起笔，在空白的笔记本上写下一行一行字，然后第二天、第三天，再接着上一日所写的，继续一行一行写下去，日以继日。要是有一点动摇和犹疑，一切将不复存在。"

铺展在面前的稿纸，就是她的麦田，她手中的笔就是镰刀。这位"69届初中生"弯下腰，挥着镰刀，从《小鲍庄》一路割来，不管烈日当空，还是《雨，沙沙沙》，她都从未停歇。不知不觉，她已走进了生命中最大的一块麦田——上海！她知道，在这《众声喧哗》的地方，她必须时刻保持清醒，才能避免堕入这蚀骨的《海上繁华梦》。

她直起腰，擦擦汗水，打量走过的路，连自己都不禁感到吃惊：我怎么割了这么多麦子？她的脸上露出了骄傲的笑容。她的骄傲不是自我陶醉。在中国文坛，她的小说早已得到了一致的赞誉，用莫言的话说："王安忆得诺贝尔文学奖，争议肯定比我小。"

01 **思考**

高产作家与割麦高手有何相同之处？

02 **心得**

勤奋、坚持是获取成功的最好方法，虽然勤奋未必成功，但想获取成功就得勤奋。王安忆埋头苦干，不去

计较一时的得失，不为浮华的世界而迷失，坚守那颗宁静的本心，才得以收获现在的昂首。

03 适用话题
勤奋·坚守与梦想

郎平精神
潜力

北京时间 2016 年 8 月 21 日上午，郎平率领的中国女排在奥运会女排决赛中夺冠。那是激动人心、荡气回肠的一战！赢球的那一刻，中国大地万人空巷，几乎所有的人都停下了工作，鼓掌、雀跃，欢呼女排精神的回归。

20 世纪 80 年代，中国体育最辉煌的成绩莫过于中国女排所取得的历史性突破：夺得了女子排球世界三大比赛的冠军，成就"五连冠"伟业。而五连冠的主要功臣正是郎平，她是世界女子排球界的三大主攻手之一，因此被称为"铁榔头"。

但她又是一个"异类"。"五连冠"后，她选择自费去美国学习体育管理，这让那些选择当官的队友不解；她去意大利打职业比赛，被人讥讽为"为钱打球"；她率领美国队在 2008 年奥运会上击败中国队，因此在网络上引发了一些谩骂。郎平是真正把排球视为自己的职业和事业的。郎平是"举国体制"培养的，最终却挣脱了举国体制下的宿命，走出了一条属于自己的道路。

郎平具有不服输的个性，具有国际化的视野，科学的训练方法，冷静、睿智，经验丰富，反应快，有解决突发情况的能力，有重新振奋球队士气的人格魅力。

2009 年，郎平回国执教恒大女排，夺得全国冠军。2013 年郎平出任中国女排总教练。执教中，她像母亲一样叮咛教诲队员，人格魅力与执教艺术水乳交融，队员称她为"圣母"。2015年，时隔12年，中国女排第四次夺得世界杯冠军。

对于勇攀高峰的人们来说，人生最高峰永远是下一座。郎平还有作为教练的世锦赛、世界杯、奥运会大满贯的梦想去实现；年轻的中国女排正在开创新的王朝，前进的道路不会是一片坦途，但郎平和她的姑娘们仍然会发扬团队精神，自信，拼搏，砥砺前行，风雨无阻！

01 思考

为什么说中国女排精神就是"铁榔头"精神？

02 心得

临危不乱，一锤定音，拦击困难、挫折和病痛，郎平把拼搏精神如钉子般砸进人生。一回回倒地，一次次跃起，一记记扣杀，点染几代青春，唤醒大国梦想。因排球而生，为荣誉而战。一把"铁榔头"，一个大传奇！

03 适用话题

拼搏精神·国际视野·科学训练·大国梦·祖国的荣誉

银白的金盏花

纪桂乔

美国一个园艺所贴出征求纯白金盏花的启事，高额的奖金让许多人趋之若鹜。但是，20 年过去了，因为培植的难度很大，没有一个人培植出白色的金盏花。一天，园艺所意外地收到一封热情的应征信和一粒纯白金盏花的种子，寄种子的是一位年逾古稀的老妇。20 年前，当她看到启事的时候便怦然心动，于是，她撒下一些最普通的种子，精心侍弄。一年之后，金盏花开了，她从那些金色的、棕色的花中挑选了一朵颜色最淡的，任其自然枯萎，以取得最好的种子。次年，她又把它们种下去。然后，再从这些花中挑选出颜色更淡的花的种子栽种。日复一日，年复一年，春种秋收，周而复始，老人的丈夫去世了，儿女远走了，生活中发生了很多的事，但唯有种出白色金盏花的愿望在她的心中根深蒂固。终于，在 20 年后的一天，她在那片花园中看到一朵金盏花，它不是近乎白色，也非类似白色，而是如银如雪的白。于是，一个遗传专家都解决不了的问题，在一个不懂遗传学的老人的长期努力下，最终迎刃而解。

01 思考

　　这个故事告诉了我们什么哲理？

02 心得

　　曾经那么普通的一粒种子，也许谁的手都捧过，却因为少了一份以心为圃、以血为泉的培植与浇灌，才使得自己的生命错过了一次最美的花期。等待是一种耐心，是一种坚持不懈的追求，即使一粒最普通的种子，种在心里，也能长出奇迹！

03 适用话题

　　坚持不懈·耐心·梦想

白岩松练习普通话

侯爱兵

白岩松的经历可以给我们一些启发。

白岩松原是《中国广播报》的记者。1993年，央视推出《东方时空》，他去做兼职策划。制片人见他思维敏捷，语言犀利，就让他试试做主持人。白岩松不是学播音出身，经常发音不准，读错字。当时台里规定，念错一个字罚50元。有一个月，白岩松罚光了工资，还欠台里几十元。当时，他属于借调，如果不能胜任就要被退回去。

那段时间的工作状态对白岩松形成了巨大的精神压力，造成他连续失眠。"那一年，我有连续四五个月的时间一分钟都睡不着，天天琢磨着自杀，不想活了。因为不愿意说话，妻子在我身边，我俩也只是用笔交流。"在妻子的帮助下，白岩松从字典里找出生僻字和多音字，反复识记，以致一本新华字典被翻得破旧。为了口齿清楚伶俐，他在嘴里含一颗石头，练习绕口令，经过两年的时间，渐渐找到了状态。

1997年，他凭借思维的敏锐度和分析切入的精彩角度，加上已经标准的普通话，获得了"中国金话筒奖"。白岩松的成功，凭借的正是顽强的毅力。

---

01 **思考**

白岩松是怎样从发音不准到获得"中国金话筒奖"的？

02 **心得**

大凡成功人士都具有顽

强的毅力。俞敏洪说："我只有一种能力，就是持续不断地比别人更努力。"

电视上，白岩松敏锐的眼光、潇洒的谈吐、精当的评论，深受观众喜爱，可是有谁知道他从发音不准到获得"中国金话筒奖"，付出了多少艰辛！如果我们都像他那样努力，何愁学不好普通话。

---

03 适用话题

艰辛·顽强的毅力·成功

创新思维的要素

——开启创新之门的钥匙

构成创新思维的因素很多，既有理性的判断推理，也有非理性的直觉、想象、联想和灵感。后者被我们称为创新思维的要素。它们在创新思维中往往起到突破性的作用。

① 直觉　　人类的第六感官

读《木兰诗》说直觉

佚名

"唧唧复唧唧，木兰当户织，不闻机杼声，唯闻女叹息。"

我们透过发音细微的韵脚："唧、织、息"，便能感受到木兰叹息时内心的苦痛。而在她凯旋时，"归来见天子，天子坐明堂，策勋十二转，赏赐百千强。可汗问所欲，木兰不用尚书郎；愿驰千里足，送儿还故乡"，通过洪亮的韵脚"堂、强、郎、乡"，我们能感受她欢乐的心情，这种感受，就是通过直觉思维获得的。

作家夏丏尊曾指出："在语感敏锐的人心里，'赤'字不仅解释成红色，'夜'不仅解释成'昼的反面'吧……见了'新绿'二字，就会感到希望、自然的画工、少年的气概等说不尽的意趣。见了'落叶'二字，就会感到无常、寂寞等说不尽的意味。"

夏丏尊所说的"夜""新绿""落叶"就是诗词等文学作品中的意象，意象是寄托诗人情感、构成诗歌意境的客观物象。在诗词中，意象一般具有固定的寓意，具有相对稳定的感情色彩和象征意义。看到某个意象，人们就会想到它要传达什么情感，表达什么主旨，如"折柳"为赠别或送别的代称，"红豆"是相思、爱情的代名词等。这也是直觉思维。

---

01 **思考**

短文是用什么方法说明直觉的特点的？

02 **心得**

在阅读和语言表达中，需要着重培养的语感是直接、迅速、灵敏的领会和感悟的能力，它不用语法规则去进行专门分析，而是用直觉去感受。

我们读《木兰诗》是通过听觉感受到木兰的苦痛和欢乐；我们看到"夜""新绿""落叶"的意象，是通过视觉来感受它们的寓意。优雅的短文列举典型的事例，分类说明了"直觉"的特点，引发我们的共鸣。

03 适用话题

　　直觉·语感·敏捷地感悟

剧本上没有的台词
佚名

　　希尔的智商不高，读书很费劲，记东西也很慢，让老师十分头疼。

　　这年圣诞节，学校排练了一出经典的小话剧。希尔也想参加，老师就特别为他安排了一个角色：旅店的小伙计。只需要上台说一句台词，然后再下台，就算完成了任务。

　　大家排练了很多次，终于迎来了圣诞夜——话剧公演的时刻。希尔站在后台，嘴里反复说着自己那句台词。家长们早早就来到了剧场，座无虚席。

　　演出开始了：那是一个刮着北风的夜晚，一对老夫妻互相搀扶着，沿街敲旅馆的门，希望尽快找到住处。可是夜深了，天气又冷，旅馆不是已经客满了，就是早早关了门。当他们来到最后一家小旅馆时，店里的小伙计——希尔出场了。

老夫妻问："请问，还有空房间吗？"

小伙计说："没有。"

老夫妻说："我们已经找了很多地方，天气这么冷，还能到哪里去呢？"

希尔的台词已经说了，应该要下台了，可他还一动不动地呆在台上，脸憋得通红。老师急得直冲希尔打手势。扮演老夫妻的学生也愣住了，不知道该如何收场。正在老师准备拉上帷幕的时候，希尔终于开口了，结结巴巴地说："你们，你们，可以住我的房间。"

"老夫妻"愣住了，老师也愣住了，这是剧本上没有的台词啊。舞台下一阵沉默，接着爆发出最热烈的掌声。

01 思考

为什么这一句剧本上没有的台词感动了我们？

02 心得

"希尔的智商不高，读书很费劲，记东西也很慢"，可是，他有一颗善良的心。当他看到一对老夫妻在寒夜无处投宿时，他忘了自己在剧中的角色，对老夫妻伸出了援助之手："你们，你们，可以住我的房间。"这一句意外地获得成功的剧本上没有的台词，就是直觉思维的成果。

这一句剧本上没有的台词感动了我们，得益于文中对它的铺垫：希尔傻得

令老师头疼，是他能上台演出的缘由，他的任务只是说一句台词就下台，演出盛况空前……特别是渲染了夜深天寒，旅馆客满，而那一对老夫妻无处可去的处境。在这样的背景之下，他冲口而出的台词，自然获得了全场最热烈的掌声。

03 适用话题

直觉·善良·援助

我永远和你在一起

佚名

地震中，学校的房舍垮塌了，全校师生都被压在了下面。

这时，学生的家长陆陆续续赶来了，看到学校已经变成一片废墟，他们不禁放声痛哭，哭过之后就绝望地离开了。

只有一个父亲留了下来，在废墟上不停地挖啊挖。他直觉地感到，儿子还活着。

有人见了都劝说道："孩子们已经死了，你别白费力气了，还是回家吧！"

父亲一边继续挖，一遍坚定地说："我的儿子一定还活着，正在等着我救他！"

人们见他不听劝，叹息着摇头走了，没有一个人愿意来帮忙。

三天过去了，这个父亲浑身都是灰尘，眼睛里布满了血丝，双手血迹斑斑，可他还是不停地挖。他不可思议地直觉，儿子一定还活着。

突然，一个声音从废墟下传来："爸爸，是你吗？"

是儿子的声音！父亲惊喜地大喊："儿子，是你吗？"

"爸爸，真的是你！我和同学们都很好。我告诉他们，你一定会来救我们的。因为你说过，不管发生任何事，你永远和我在一起！"

父亲听了，激动地向周围救援的人呼喊："快来呀，这里的孩子还活着！"

一个小时后，孩子们终于被安全地救出来了。

父亲紧紧地抱住儿子："爸爸永远和你在一起！"

01 思考

为了表现父亲的执着，故事运用了什么表现手法？

02 心得

父亲不眠不休，在废墟上挖刨了三天，直觉儿子还活着；儿子不吃不喝，在废墟下坚持了三天，直觉爸爸会来救"我"。这都是因为那句话："爸爸永远和你在一起。"

父亲令人感动，还因为运用了反衬的手法：其他家长绝望地离开了，他独自留下来不停地挖掘；人们劝他回家，他不理会，不停地挖掘；没有一个人愿意来帮忙，他不停地挖掘。其他人的放弃，反衬了父亲的执着，而父亲的执着缘于他的直觉：儿子一定还活着。

03 适用话题

直觉·父爱·执着

81

② 想象 九天揽月，五洋捉鳖

名言中的数学趣喻

冰情郡主

阅读精辟的名言警句，对提高我们的精神境界大有裨益。不少名家学者都喜欢用数学语言来喻事论理，或以自勉，或以诲人，既富有发人深省的哲理，又具有耐人寻味的情趣。下面撷取一二。

大科学家爱因斯坦曾以"A＝X＋Y＋Z"的数学公式来提示成功的秘诀。人们不解其意，他解释道："'A'代表成功，'X'代表艰苦的劳动，'Y'代表正确的方法，'Z'代表少说空话。"可谓精辟凝练的经验之谈。

大发明家爱迪生成名后，人们都说他是个"天才"，可是，爱迪生的回答却是"天才＝1％的灵感＋99％的血汗。"这一公式隽永含蓄，概括力强。

俄国大文豪列夫·托尔斯泰以奇妙的等式启迪人们谦虚好学。他说："一个人就好像分数，他的实际才能好比分子，而他对自己的估价好比分母。分母愈大，则分数的值就愈小。"把这段话列为等式："一个人的价值＝实际才能／自己估计。"多么新鲜，又多么恰当！

古希腊哲学家芝诺的学生问他："老师，难道你也有不懂的东西吗？"芝诺风趣地回答："如果用小圆代表你们学到的知识，用大圆代表我学到的知识，那么大圆的面积是多一点。但两圆之外的空白，都是我们的无知面，圆越大，其圆周接触的无知面就越多。"哲学家巧妙地用"两圆的面积"比喻各自掌握的知识面，又用"两圆之外的空白"代表尚需学习的无知面。这种比喻极其深刻，令人茅塞顿开，拍案叫绝！

名人学者对时间是十分珍惜的。活动家季米特洛夫曾用"正号"与"负号"来检验自己利用时间的效率："要利用时间，思考一下一日之中做了些什么，'正号'还是'负号'。倘若是'＋'则进步，倘若是'－'就得吸取教训，采取措施。"

雷巴柯夫则用"常数与变数"来作比喻："时间是个常数，但对勤奋者来说，是个变数。"并解释说这是因为"用'分'来计算时间的人，比用'时'来计算时间的人，所拥有的时间多59倍"。

01 思考

这些巧缀数学趣喻的名言警句揭示了什么哲理？

02 心得

诚如高尔基所说："在用格言进行的思维中，我学会了很多东西。"拜读这些巧缀了数学趣喻的名言警句，我们就如品尝了一杯清香飘溢的浓茶，回味无穷，受益匪浅。

名家的成功令我们羡慕，他们的名言也正是其成功的秘诀，阅读这些名言对我们也大有裨益。本文列举了几位成功人士的名言并分析了其内涵，让我们懂得了其蕴含的深刻哲理。从名人们这些耐人寻味的名言中，我们体会到了成功不是一蹴而就的。我们应该学习他们刻苦钻研、不怕困难的品质，时时处处以这些名言自勉。

03 适用话题

想象·哲理·深刻

保卫想象力

刘克梅

1968 年，美国内华达州一位叫伊迪丝的三岁小女孩告诉妈妈，她已经认识礼品盒上"OPEN"的第一个字母"O"。这位妈妈很吃惊，问她是怎么认识的。伊迪丝告诉妈妈是她的幼儿园老师薇拉小姐教的。

母亲一纸诉状把薇拉小姐所在的劳拉三世幼儿园告上了法庭，理由是该幼儿园剥夺了伊迪丝的想象力。因为她的女儿在认识"O"之前，能把"O"说成太阳、足球、鸟蛋之类的圆形东西，然而自从劳拉三世幼儿园教她识读了 26 个字母后，伊迪丝便失去了这种能力。她要求该幼儿园对这种后果负责，赔偿伊迪丝精神伤残费 1 000 万美元。

诉状递上之后，在内华达州立刻引起轩然大波。劳拉三世幼儿园认为这位母亲疯了；一些家长认为她有点小题大做；她的律师也不赞同她的做法，认为这场官司是浪费精力。然而，这位母亲却坚持要把这场官司打下去，哪怕倾家荡产。

三个月后，此案在内华达州州立法院开庭。最后的结果出人预料，劳拉三世幼儿园败诉，因为陪审团的 23 名成员被这位母亲在辩护时讲的一个故事感动了。她说："我曾到东方某个国家旅行，在一家公园里见过两只天鹅，一只被剪去了左边的翅膀，一只完好无损。剪去翅膀的被放养在较大的一片水塘里，完好的一只被放养在一片较小的水塘里。当时我非常不解，就请教那里的管理人员。他们说，这样能防止它们逃跑。我问为什么？他们解释，完好的一只被放养在一片较小的水塘里，虽然没被剪去翅膀，但起飞时会因没有必要的滑翔路程而只好老实地待在水里；放在大水塘里的一只却被剪了翅膀，也只能老实地待在水里。当时我非常震惊，震惊于东方人的聪明；可是我也为天鹅园的两只天鹅感到非常悲哀。同理，是他们剪掉了伊迪丝的一只翅膀，一只幻想的翅膀，早早地把她投进了那片小水塘，那片只有 ABC 的小水塘。"

01 思考

伊迪丝的妈妈打"想象力官司"是否小题大做？

02 心得

伊迪丝的妈妈的这段辩护词后来成了内华达州修改《公民教育保护法》的

依据。现在美国《公民权法》规定，幼儿在学校拥有两项权利：1.玩的权利；2.问为什么的权利。这两项权利的列入是否起因于那位母亲的官司，不得而知。不过，有一点美国人非常清楚，这一规定使美国在科技创新方面始终走在了世界的前列，也使美国出现了比其他国家多得多的年轻的百万富翁。

03 适用话题

想象力·保卫想象力·想象力比知识重要

假如没有读书

郑俊甫

命运如同玻璃，最辉煌时最易破碎。

这是某电视台举办的一档谈话节目，嘉宾一共四位，都是风度翩翩的中年男子，有房，有车，事业有成，是无数男人眼里的标杆和努力的榜样。

但他们又有一个共同点，那就是都无一例外地生长在经济不发达的贫困地区，从小家境贫寒，衣食无着，完全依靠父母节衣缩食供养着读书上学，才改变了自己的命运，有了今天的成就。

他们要回答一个问题："假如父母没有送你读书，你觉得现在会是什么样子？"第一个男人说："假如父母没有送我读书，那我现在肯定不会坐在这里。前不久，我回了趟老家，发现村子里跟我一起长大却没有机会读书的男人大都在家里守着几亩薄田。山里缺水，每天驮水吃饭，引水浇地，就是他们生活的全部。"第二个男人说："假如父母没有送我读书，你们说不定就会在城市里随便的一个建筑工地上见到我。"第三个男人说："我们那个村子现在是全乡有名的养鸡专业村，很多没有机会读书的男人都在家里养鸡。假如父母没有送我读书，说不定大家餐桌上的烧鸡、炖鸡、叫花鸡……都是我养的呢。"

台下响起了一片笑声，气氛轻松活泼。第四个男人沉默了一会儿，却忽然用一种沉重得有些压抑的语气开了口，就像是迈进了某种痛苦的回忆。他说："我不知道他们是怎么筹的钱，供我读完了高中，又让我念了大学。临毕业的那年，本想着可以挣钱养家了，没想到父母却双双病倒。要是放在今天的话，他们的病都是能够治好的。可是那时候，家里一贫如洗，能卖的东西都卖光了，还欠了一屁股债。为了省钱，父母都不肯住院，甚至连药也舍不得吃，就这样，不到一年的时间，他们相继离世。"

"现在，每到夜深人静，我就止不住想，假如父母没有送我读书，我也就不会离开他们，就可以守在他们身边，为他们分担生活的重负，挣钱，养家，尽孝，他们也就不会这么早死去。'子欲养而亲不待'，一想起这句话，我就觉得自己真是不孝啊……"

演播厅里出现了短暂的寂静。

片刻后，不知是谁带头鼓起了掌，潮水般的掌声里，不少观众都悄悄抹起了眼泪。

01 思考

为什么第四个男人获得了如潮掌声？

02 心得

为跳出"农门"，上了大学而庆幸万分，是人之常情；对比未上大学的同龄人，优越感溢于言表，也可理解；成为有车有房、事业有成的标杆榜样而踌躇满志，似乎也无可厚非。

但是，无论如何，我们不应该忘记：我们曾经家境贫寒，是我们的父母含辛茹苦地送我们上了大学。为送我们上大学，父母伤病了，衰老了，甚至过世了。

无论如何，我们不应该忘记回报父母，回报至今依然贫困的乡亲。这就是逆向思维，也是第四个男人获得如潮掌声的原因。

03 适用话题

想象·孝敬父母·逆向思维

心情的形状

佚名

相信吗？心情是有形状的。

世界上最美的形状——圆。圆圆的，像灿烂的太阳、明亮的满月，让人憧憬，让人向往。当第一次考试画上了圆满的句号，就有了一个小圆，虽然只是一个灰色的、不起眼的小圆，在我们心里却像是一轮满月，完完整整的，不留一点缺憾。回到家中，当我告诉我的父母，他们饱经风霜、沾不得一点喜庆的脸上，终于有了一丝丝的微笑，尽管很少，但也足够点亮月亮，散发太阳的气息。虽然只是昙花一现，但是，这美丽的圆像天使的光环让我幸运，做什么事都得心应手。有了圆，自己也就不会在乎是否冷眼在旁，也不必管别人的一两句闲话……所有事情好像有了同样美好的结局，它们的轨迹被我描了下来——圆。不受外界的干扰，心有了最大的宽松。然而，圆并不总是完美的结局。将圆放在一个斜坡上，只要轻轻地碰一下，它就会飞快地滑动。因此一定要保持大脑清醒，不然就会一落千丈。同时，要有上进心，要坚持不懈地努力，才能把圆拉得更大更圆。所以说，圆的心情很少，可它是我们的宝中之宝。

　　心中数不胜数的是方，方方正正，普普通通，大体上都是平直的。方形很是循规蹈矩，每天大致是四件事：吃饭、睡觉、学习、玩耍。"平平凡凡才是真"，这在方的世界里是一句名言。我很平静地画着一个又一个方，尽管没有一丝快乐，还要总是按照轨道来，但是，方却是让人们看来最稳重、最踏实的。它不像滑冰一样快速地画一个圆，只有一步一个脚印地走过一条条小巷，一个个低洼，去积累，去发现，去掌握。快乐谈不上，失望也没有，但是，心里是最有安全感的。方不像圆，会"脾气暴躁"，它很稳，走完一边转个弯，再继续往前走。但方也要变大，有些激情、努力奋斗。方越来越大，不平凡中就开始孕育伟大奇迹了。踏踏实实、平平凡凡的方，也许就是它的魅力所在吧！

　　忽然，方正的心情又被那可恶的"分数斧头"猛砍了两刀，成了一个三角形，很瘦小。三角形很是独立，使得心中显得无依无靠，十分孤独。人在痛苦时感情最丰富，像光透过三棱镜，一缕阳光顿时变成了七色光。每当失败时，我也会想很多，当这缕阳光射向贝多芬、海伦心中的三角形时，会变成怎样美丽的七色光呢？三角形的坚固，是众所周知的。其实，三角形也很脆弱，将它的一角分开，坚固的三角形立即崩塌，变成了废墟。

01 思考

如果心情真的有形状，你是喜欢圆形、方形，还是三角形呢？

02 心得

圆形、方形、三角形，永远在不停地变化着，我的心情也在千变万化。让它们给我们带来一个圆满的人生，平凡的人生，坚固的人生，没有一个污点的幸福人生吧。

03 适用话题

想象·圆满·稳重·兼顾

凡尔纳的科幻小说

佚名

科学幻想是科学发现或技术发明的重要源泉。法国科幻小说家凡尔纳被许多科学家誉为自己的"总导演"和"领航人"。他有着非凡的想象力，在潜水艇、直升飞机、霓虹灯、电视机、雷达、导弹、坦克等问世之前，这些东西早已在他的科幻作品中出现了。更使人难以置信的是，凡尔纳曾预言："在美国的佛罗里达将建造火箭基地，发射飞向月球的火箭。"一个世纪以后的 1961 年，美国果然在佛罗里达发射了第一艘载人宇宙飞船。凡尔纳幻想的事物都已成为现实。

　　凡尔纳的才能在于，实际上他是在科学技术所容许的范围里，根据科学发展的规律和必然的趋势作出了种种对当时来说是奇妙无比的构想。他对科学的态度是严肃认真的，他尽可能把想象建立在科学的基础上。例如，为了写从地球飞行到月球的故事，他就是先仔细研究过空气动力、飞行速度、太空中的失重以及物体溅落等科技问题。基于此，他的科学幻想就是科学的预言。

01 思考
　　凡尔纳的科学幻想为何一一实现了？

02 心得
　　科学幻想是在客观事物的基础上，根据预定的目的和任务，经过构想而独立创造出来的新事物。它要求作者有广博的科学知识，严格的构思过程。它总是受某一事物的启发，并经过反复思索而创造的新事物。

　　我们要养成主动思考、积极思考的习惯。可以写科幻作文，运用逻辑思维，提高我们的想象力。

03 适用话题
　　想象力·积极思考·广博的知识

扼杀想象力
徐桂凤

　　学生 A 是一个有想象力的孩子，学生 B 是一个中规中矩的孩子，他们与教师展开了下面的对话。

教师问：一张四方桌，锯掉一个角，还有几个角？

学生 A 答：三个角。

教师肯定地说：错，应该还有五个角。

学生 A 辩解：如果沿着对角线锯就是三个角。

教师批评道：你这孩子怎么往歪处想，哪有这样锯的？

教师又问：树上有十只小鸟，用枪打掉一只，还有几只？

学生 B 答：九只。

教师说：不对，树上一只小鸟也没有，因为其他的鸟听到枪声后吓飞了。

学生 A 答：还有两只鸟！有一只聋哑的小鸟听不到枪声仍然在树上，还有一只没有长齐羽毛的小鸟被吓得钻进树洞里去了。

教师再一次批评说：你这孩子，净说不着边际的话，鸟怎么会有聋哑的呢？

教师接着问：雪融化了，变成什么？

学生 B 答：变成水。

教师说：你答对了。

学生 A 答：变成了春天。

教师再一次批评说：你怎么又胡说？雪怎么会变成春天呢？

这次学生 A 没有辩解，但是他想：雪融化了，天气就暖和了。小草绿了，桃花红了，春天也就到了。难道春天不是吃雪长大的吗？

学生 A 发誓，自己长大了一定要做一名教师，给答还有三个角的学生，给答树上有两只小鸟的学生，给答雪能变成春天的学生，打上一个大大的红钩。

十几年以后，学生 A 长大了，他实现了自己的愿望，成了一名教师，他满怀信心地站到了讲台上。

他问：树上有十只小鸟，用枪打掉一只，还有几只？

学生答：一只也没有。

他说：正确。

再接着问：一张四方桌，锯掉一个角还有几个角？

学生答：五个角。

他说：完全正确！

他又问：雪融化了，变成什么？

学生答：变成水。

他夸奖道：太棒了！

这段对话说明了什么问题？不用解释，每个读者都心知肚明。我们的教育就是这样在可悲的模式里轮回着，演绎着！

01 **思考**

充满想象力的"学生A"为什么成为"长大后的他"？

02 **心得**

这种模式化的、固定的思维方式使教师在求学的过程中已经受到教条主义的危害。他们走出校门，来到工作岗位之后成了"长大后的他"。他的课堂用语也千篇一律地模式化了，不但没有用充满激情、富有想象力的语言去激发学生，反而让自己的话成了扼杀学生想象力的看不见的绳索。

03 **适用话题**

思维定式·标准答案·扼杀想象力

一根"朽木"的春天

蔡成

　　新学期第一堂课，上课铃响后，丁班仍然闹哄哄的。新分配来的蔡老师站在讲台上，瞅着在课桌间追打的调皮学生，心里暗暗叫苦。答应校长担当丁班班主任后，就有老教师悄悄告诉他，丁班是将同年级各班所有"害群之马"抽出来集中到一起的班级。蔡老师努力镇定下来，说："同学们静一静，新学期第一节课，我们不进行新课程，听我讲故事。"这话很见效，嘈杂的教室很快安静下来。

　　"1993年，在广州发生了一个前半截上了报纸，后半截却没有大肆公开的故事。"这个开场白把同学们的好奇心勾起来了，纷纷竖起了耳朵。

　　"在广州某工地，民工从泥土中挖出了一根百年老树的树干。可惜它的木质已疏松，派不上用场了。工程承包人为难了，因为民工们表示，要把这棵树移走，得增加劳务费。民工们掰着手指说要租用吊车、大型运输车……3 000元是最少费用。工程承包人不愿多支付这笔费用，拼命压价。正闹得不可开交时，有一名看热闹的木匠提出，如果给1 500元，他愿意把木头搬走。"

　　蔡老师讲到此处，问："同学们，谁能告诉我，木匠拿那根破木头有什么用？"学生们七嘴八舌地回答："木头没法用，他是想赚那笔搬运费。""买回家当柴烧。"蔡老师笑了："事实是，木匠把这棵快要腐朽的百年老树卖了，得了近三万元。"

　　同学们面面相觑，无不露出惊异之色。在同学们急不可耐的催促声中，蔡老师道出原委："木匠先跑去与多家保温瓶厂和陶瓷工艺品厂家签下购销合同，然后将老树加工成11万个保温瓶木塞，一千多个陶瓷工艺品的盖子；连淘汰出来的碎木板，木匠也没放弃。他将碎木板故意弄成奇形怪状，在上面印了细细的一行字：'500年修得一相逢。此木取自500年前古树'，再穿上红绳当工艺品销售。仅最后这一项，木匠赢利一万元！"

"哗……"学生们使劲鼓掌。蔡老师趁热打铁，面对情绪高涨的学生甩出一席话："同学们，我刚来学校就有不少老师提醒我，称我们班'有些同学朽木不可雕'。可是，通过今天仔细观察，我没有发现一根朽木！每一根木头都有属于自己的春天！"

"同学们，朽木确实不能用于雕刻，但只要巧妙运用智慧，不也照样能发挥其价值么？何况，我们班没有朽木！"蔡老师指着几名同学继续热情洋溢地说："这位同学刚才跑回座位的速度很快，说不定能获得短跑金牌；还有这个英俊小生，脸上表情变化起来好丰富，长大后去演小品，我看超过赵本山都有可能……"掌声、笑声在丁班响成一片，在以往听惯众多老师对他们"朽木不可雕"的批评声后，他们第一次听到了充分肯定他们、全面认识他们，并热切鼓励他们的声音。下课铃响后，同学们起立，蔡老师开心地发现，所有的学生都把腰挺得很直，将头昂得高高的。

两年半后的高考，原本有"差生集中营"之称的丁班竟也有几位同学考上了名牌大学！当即将奔向大学校园的学生来向蔡老师道别时，每个人都说了这么一句："蔡老师，谢谢你的木匠和朽木的故事。"

---

01 思考

差生不能再学好吗？

---

02 心得

是谁轻轻敲开心灵的那扇窗？是谁用知识改变你稚气的脸庞？是谁用青春

见证你的成长？是谁用赤诚播种人类的希望？朽木不可雕？谁说的，朽木也有春天。差生不能再学好？谁说的，蔡老师让"差生集中营"变成了成品输出站。世上没有不合格的学生，只有不称职的老师。信哉此言！

03 适用话题

敲开心灵·播种希望·见证成长·称职的老师

50 年前的梦想

刘燕敏

有个叫布罗迪的英国教师在整理阁楼上的旧物时，发现了一叠作文簿，它们是皮特金中学 B（2）班 31 位孩子的春季作文，题目叫《未来我是……》。他本以为这些东西在德军空袭伦敦时被炸飞了，没想到它们竟安然地躺在自己家里，并且一躺就是 50 年。

布罗迪随手翻了几本，很快便被孩子们千奇百怪的自我设计迷住了。比如，有个叫彼得的小家伙说自己是未来的海军大臣，因为有一次他在海里游泳，喝了三升海水都没被淹死。还有一个说自己将来必定是法国总统，因为他能背出 25 个法国城市的名字。最让人称奇的是一个叫戴维的小盲童，他认为，将来他肯定是英国的内阁大臣，因为在英国还没有一个盲人进入内阁。总之，31 个孩子都在作文中描述了自己的未来。

布罗迪读着这些作文，突然有一种冲动，何不把这些本子重新发到孩子们手中，让他们看看现在的自己是否实现了 50 年前的梦想？当地一家报纸得知他的这一想法后，为他刊登了一则启事。

没几天，书信便向布罗迪飞来。其中有商人、学者及政府官员，更多的是没有身份的人。他们都表示很想知道自己儿时的梦想，并且很想得到那本作文本。布罗迪按地址一一给他们寄去。一年后，布罗迪手里仅剩下戴维的作文本没人索要。他想，这个人也许死了。毕竟50年了，50年间什么事都会发生。

就在布罗迪准备把这个本子送给一家私人收藏馆时，他收到了内阁教育大臣布伦克特的一封信。信中说："那个叫戴维的孩子就是我，感谢您还为我们保存着儿时的梦想。不过我已不需要那个本子了，因为从那时起，我的梦想就一直在我的脑子里，从未放弃过。50年过去了，可以说我已经实现了那个梦想。今天，我还想通过这封信告诉其他30位同学，只要不让儿时美丽的梦想随岁月飘逝，成功总有一天会出现在你面前。"

01 思考

布伦克特为什么能成为内阁教育大臣？

02 心得

布伦克特的梦想始终牢记在他的心中，而生活中的很多人则忘记了当初的梦想。梦想也有保质期，不要让梦想"变质"，只有这样，你才不会在丢失了梦想以后为自己惋惜。

梦想是前进的指南针。因为心中有梦想，我们才会执着于脚下的路，坚定自己的方向不回头，才不会因为形形色色的诱惑而迷失方向，更不会被前方的险阻吓退。

03 适用话题

梦想·执着·坚定自己的方向

郝景芳和《北京折叠》

潜力

2016 年 8 月 21 日，郝景芳凭借《北京折叠》摘得第 74 届雨果中短篇小说奖。这是继 2015 年刘慈欣《三体》获奖之后，中国作家再次获得世界科幻文学最高奖——雨果奖。

《北京折叠》的故事梗概：

日渐拥挤的未来北京，昼夜之间三个世界交替折叠，轮流苏醒，人们被阶级与出身分隔其间，在同一个舞台上无限循环着城市戏剧。

老刀，年近五十，垃圾工，单身父亲，为了女儿的未来，开始了他一天之中穿越三个世界的冒险。

《北京折叠》中设定了三个互相折叠的世界，隐喻上流、中产和底层三个阶层。整个城市尺度的空间和时间双重折叠，意象恢宏，映射出当代社会中人们对于阶层割裂趋势的深切焦虑。

郝景芳说："这样一个不平等的故事得到许多人的认可，说明周遭世界的不平等如此昭然若揭。"

郝景芳清华大学博士的高知背景令人瞩目。

2002 年，郝景芳获得新概念作文大赛一等奖。以为她会被保送到北大中文系，没想到她竟然考进了清华物理系。高中时她就痴迷物理，看科学与哲学，看爱因斯坦的散文集。她曾想做一个杰出的物理学家。但进入清华后，她发现清华的大牛太多。有一次，她鼓起勇气向那里的大牛请教一道怎么都解不出的物理题。大牛看了一眼，说："这道题我觉得比较简单，就没有做，你看看讲义吧。"

感到自己在物理学方面无法取得杰出的成绩后，郝景芳改读宏观经济学的博士。这个改变使她观察世界的角度更多元，可以从经济学的角度来建构她的科幻世界，探讨人类的未来。

01 思考

《北京折叠》为何受到读者广泛的关注？

02 心得

《北京折叠》反映的社会现实唤起了广大读者的共鸣：诸如对社会分层、社会不平等、北京的特殊性等众所周知的现象的焦虑；再者，自动化对人类的影响，智能化、机器人不可避免地代替大量的人工，那么，低水平的劳动者还有机会就业吗？

03 适用话题

科幻·阶层固化·智能化的利弊

---

③ 联想　　举头望明月，低头思故乡

曹文轩的《草房子》

潜力

2016 年 8 月 20 日，北大教授曹文轩获得国际安徒生文学奖，这是世界儿童文学的最高奖。

曹文轩出生于江苏盐城的一个小乡村，童年生活的艰辛让他早就体味到人间百态，同时也磨砺了他的意志。他在《童年》中写道："我的家乡苏北是以穷出名的，我的家一直是在物质窘迫中一日一日度过的，贫穷的记忆极其深刻。我吃过一回糠一回青草。糠是如何吃的，记不得了。青草是我从河边割回来的。母亲在无油的铁锅中认真地翻炒，说是给我炒韭菜吃。"

由于亲身的生活经历，同中国一些有理想和有责任担当的优秀知识分子一样，曹文轩肩负着一种崇高的使命感，具有忧郁悲悯的人文关怀。

《草房子》等作品超越了儿童生活题材，进入人的本质生活领域，闪耀着生命人格的灼人光焰。他一再追问："如何使今天的孩子感动？……在提出这一命题时，我们是带着一种历史的庄严感和沉重感的……能感动他们的东西无非还是那些东西——生死离别、游驻离散、悲悯情怀、厄运中的相扶、困境中的相助、孤独中的理解、冷漠中的默默温馨和殷殷情爱……感动他们的，应该是道义的力量、情感的力量、智慧的力量和美的力量，而这一切，是永在的。"

曹文轩在发表获奖感言时作了题为《文学：另一种造屋》的主旨演讲。他以优美的语言阐释了在文学中获得自由，并以这份自由为责任传承影响下一代的主题。"对于我而言，我最大的希望，也是最大的幸福，就是当他们长大离开这些屋子数年后，他们会不时回忆起曾经温暖过、庇护过他们的屋子，而那时，正老去的他们居然在回忆这些屋子时有了一种乡愁。这在我看来，就是我写作——造屋的圆满"。

带着童年记忆的曹文轩有着作家与学者的双重身份，他的人文关怀和强大的学术背景使他的儿童文学创作有了更为深厚的基石，使他成了当代儿童文学作家群里一颗耀眼之星。

01 **思考**

为什么《草房子》等小说中有一种忧郁悲悯的情怀？

02 **心得**

曹文轩明确自己的职责：他是为孩子写作，为孩子造屋，为他们建造世界上最好的、最经受得起审美的屋子。而这座屋子里应有厄运中的相扶、困境中的相助、孤独中的理解、冷漠中的默默温馨和殷殷情爱……盛满了忧郁悲悯的人文关怀。

03 **适用话题**

人文关怀·忧郁悲悯·温馨

我的老师谢伟光

潜力

我的数学老师是一位华侨，叫谢伟光，长得高大俊朗，有点像费翔。和我们打羽毛球，他非常专业，那些姿势和动作我们从未见过。他给我们唱英语歌曲，朗诵拜伦、泰戈尔的诗歌。他结婚时，请我们吃国外寄来的花花绿绿的糖果。当然，教数学是他的拿手好戏，他似乎没有解不出的难题。他上课，表情特别丰富，我们答对了问题，他高兴地竖起大拇指；答错了，他幽默地耸耸肩膀。我们喜欢他，崇拜他，进而喜欢他教的数学；我们喜欢他，崇拜他，进而模仿他的言谈举止。一次课间休息，一位同学在讲台上模仿谢老师朗诵泰戈尔的诗歌：

如果你因为失去太阳而流泪，

那么你将失去群星了。

由于模仿得惟妙惟肖，我们忘乎所以齐声喊："谢华侨，再来一个！谢华侨，再来一个！"

谁知就在这时，谢老师走进了教室。教室一下子安静了，讲台上的那位同学极其尴尬。谢老师拍了拍那位同学的肩头，笑着说："没关系，我知道你们是喜欢我。"接下来，他给我们讲了一个泰戈尔的轶事——

有一天，泰戈尔收到一位小朋友的来信。信中说，泰戈尔先生，我非常喜欢你，喜欢你的诗歌。同样，我也很喜欢我的小狗。请问，我可以给我的小狗取名"泰戈尔"吗？

泰戈尔回信说："亲爱的小朋友，当然可以。不过，你最好像征求我的意见一样，也征求一下你的小狗的意见，问它是否愿意用我的名字。"

讲到这里，谢老师话题一转说："如果你们征求我的意见，比起'谢华侨'来，我更喜欢'谢老师'的称呼。"

---

01 思考

谢老师讲泰戈尔的故事有何作用？

02 心得

亲切幽默的语言，没有批评，没有指责，有的是睿智，更多的是理解学生，宽容学生，善待学生。

谢老师应用相似联想委婉地引导学生，巧妙地避开了尴尬。

---

03 适用话题

睿智·人文素养·理解宽容

狼群交际学：交叉圆原理

佚名

一位生物学家在澳洲的高原上研究狼群，发现每个狼群都有一个半径约十五公里的活动圈，把三个狼群的活动圈微缩在图纸上，便出现一个有趣的现象：三个圈是相交的，既不隔绝，又不完全相融。

狼群在划分地盘时，留有一定的公共区域。相交部分为它们提供了杂交的可能性，不相交的部分又使它们保有自己的个性。而如果活动圈重合，狼群就厮杀；活动圈相离，狼种则退化。

交叉圈理论向世人暗示了一种与亲爱的人相处的艺术。

亲密的人之间应该是两个相交但不重合的圆。交叉部分是彼此的共同世界，可以尽享亲情和温馨，不交叉部分是各自独有的天地和色彩，甚至是隐私。再亲密的人也不应该将这部分慷慨地全部出让，也不能因一时的矛盾而无限扩大。当两个圆没有了距离时，加重的只是阴影。在阴影的笼罩下，放弃与获得都是痛苦的。懂得交叉圈理论的人，懂得保持最合适的距离的人，就会拥有最完美的感情生活。

---

01 思考

交叉圆原理对我们处理人际关系有何启发？

---

02 心得

我们常说："距离产生美。"狼与狼相处有交叉圆原理，人与人相处亦如

此。交往中要把握分寸，不能没有距离，也不能距离太远。有距离便有美感，彼此才会互相欣赏，互相包容，亲密的关系才得以

保持长久。

③ 适用话题

距离产生美·互相欣赏·互相包容

心的礼物

佚名

　　那是二十多年前的事了。童年时，我住在小镇附近一个小山村。母亲每次到镇上买菜都会带上我，而买了菜之后又会到一个老爷爷的糖果店给我买糖。糖的品种可多了：红的、绿的、黄的、蓝的，柠檬味的、巧克力味的……。我最喜欢的是一种球形的棒棒糖，含在嘴里，腮帮子鼓得高高，酸甜酸甜的。有一天，母亲没在家，我独自到镇上去玩，当然忘不了去老爷爷的糖果店买糖。老爷爷和蔼地问我："小朋友，有钱吗？"我拍了拍裤袋说："我有钱，有很多很多钱。"于是，老爷爷照我的要求，红的、绿的、黄的、蓝的，柠檬味的、巧克力味的……当然，还有棒棒糖，装了一袋。该付钱了，我慷慨地抓了一大把钱——我们过家家的小鹅卵石——递给老爷爷。老爷爷愣了一下。我问："老爷爷，钱不够吗？"老爷爷忙说："不，还有多的！"说完，还补找给我几个硬币。我提着糖果，欢天喜地地走了。

　　回到家，母亲问我糖果是哪来的。我说，是在老爷爷糖果店买的。从那以后，母亲不让我独自到镇上去。

　　二十多年过去了，我结了婚，在镇上安家，开了一家金鱼店。

　　有一天，来了一个小朋友，蓝蓝的眼睛，黄头发，白白的皮肤。

103

他走进店里，看了看各式各样的金鱼，说："叔叔，我要买金鱼。"我问他："你有钱吗？"他拍了拍裤袋说："我有钱，有很多很多钱。"然后，他要了"水泡""红帽子""珍珠"等名贵的金鱼。我照他的要求一一装进袋。该付钱了，他掏出一大把东西。我看着他的手，手背上还有圆圆的小窝。我似乎预感到了什么——果不其然，他摊开手掌，是一些小小的鹅卵石。我明白了，当年老爷爷为什么会愣一下。小朋友问我："叔叔，钱不够吗？"我知道该怎样回答："不，还有多的！"同样地，我找给他几个硬币。小朋友提着金鱼，欢天喜地地走了。

等小朋友走远，我的妻子说："你知道今天送的金鱼值多少钱吗？""当然知道。"接下来，我给她讲了当年我去老爷爷糖果店买糖果的故事。听完故事，妻子踮起脚，在我的额头上"啪"地吻了一下。

这时，我仿佛听到了老爷爷"哈哈"的笑声。

01 思考

《心的礼物》由两个小故事组成，这两个小故事有何关系？

02 心得

相似的情节，相似的结构，相似的对童真的呵护，但我们并不感到累赘。而这一切都来自老爷爷对"我"的启迪，"我"对老爷爷榜样的联想。读着这自然纯真的故事，我们似乎回到了童年的时光。让我们把"心的礼物"一代一代地传下去。

03 适用话题

童真·纯真·心的礼物

④ 灵感　柳暗花明又一村

米老鼠是怎样诞生的

佚名

美国的迪斯尼曾一度从事美术设计，但后来他失业了，他和妻子只好搬进一间老鼠日夜横行的公寓。他们不知道该去哪里。有一天，二人呆坐在公园的长椅上。正当他们一筹莫展时，突然从迪斯尼的行李包中钻出一只小老鼠。望着小老鼠机灵、滑稽的面孔，夫妻俩感到非常有趣，心情一下子就变得愉快了，忘记了烦恼和苦闷。这时，迪斯尼头脑中突然闪过一个念头，对妻子惊喜地大声说道："好了！我想到好主意了！世界上也有许多人像我们一样穷困潦倒，让他们也从小老鼠的形象中得到安慰和愉快吧。"于是，可爱的米老鼠诞生了，是老鼠触发了迪斯尼的灵感。

他的眼前出现一幕幕动人的奇景：小老鼠们为了填饱肚子辛勤劳动，为了战胜更大的敌人团结互助，它们甚至快活地跳舞，甜蜜地恋爱……

这位年轻的画家就是后来美国最负盛名的人物之一——才华横溢的沃尔特·迪斯尼。

穷困潦倒中的迪斯尼充分运用想象力，创造了活泼可爱的米老鼠。自大的、爱搞恶作剧的、又热心解决问题的米老鼠成了美国经济大萧条时期的精神象征。

1923年，迪斯尼和他的哥哥罗恩凑了3 200美元重新创业，成立了迪斯尼兄弟动画制作公司，这就是今天迪斯尼娱乐帝国的真正开始。1929—1932年，有一百多万美国儿童加入"米奇俱乐部"，在当年的经济大萧条中，米老鼠给美国儿童带来了无穷的快乐。

01 思考

米老鼠形象的灵感从何而来？

02 心得

在人们的创造性活动中，确实存在着所谓的灵感现象，即新形象、新概念、新发现、新思想的产生常常带有突破性、突现性，犹如"山重水复疑无路，柳暗花明又一村"，又似"踏破铁鞋无觅处，得来全不费工夫"。米老鼠的诞生就是从活泼可爱的小老鼠那里得到的启示。

03 适用话题

灵感·创新·品牌的力量

送你一只癞蛤蟆

海泉

大学毕业后，我被分配到一所中学任教。

报到那天，校长对我说："你来，我们表示欢迎，但你必须接那个谁都不愿教的差班。"我犹豫了片刻，然后爽快地答应了。

开学第一天，教务主任带我来到班上，把我介绍给学生后就出去了。我走上讲台，对大家说："我的名字是这样三个字……"

说着，我把手伸向讲桌上那个带盖的木制粉笔盒，想拿出一支粉笔在黑板上写。谁知一揭开盒盖，见里面竟趴着一只癞蛤蟆，个头还挺大，看样子足有半斤重。那家伙以为我要伤害它，身子使劲向下伏着，眼睛挤成了一条缝，一身土绿色的癞皮疙瘩让我感觉像有无数蚂蚁在身上爬。

教室里鸦雀无声，五十多双眼睛紧紧盯着那个粉笔盒。我的脑子在飞快地运转：这显然是学生们想给我一个下马威，一旦癞蛤蟆跳出来，全班就会爆发出一阵哄笑，我也将陷入一种难堪的境地。我迅速镇定了自己的情绪，然后壮着胆子一把抓住癞蛤蟆。当我把癞蛤蟆举起来时，全班同学惊呆了。我忽然发现粉笔盒里还附有一张纸条，上面写着一句话："老师，您刚来，没有什么好东西孝敬您，送您一只癞蛤蟆，请笑纳！"

我微微一笑，说："看来，这是给我的见面礼了，我谢谢大家！"说着，我向台下微微鞠了一躬："我们的第一课就从癞蛤蟆说起。癞蛤蟆学名叫蟾蜍，它没有声囊，所以不会叫。它身上这些小疙瘩里储藏着一种白色毒液叫蟾酥，是用来抵御敌害的；此外，蟾酥还可以用来制成中药，有强心、镇痛和止血的作用。传说月亮上有蟾蜍，所以我国古代诗文常用它来比喻月亮，例如'蟾宫'就是指月亮，'蟾光'就是指月光。有一个成语叫'蟾宫折桂'，意思是到月宫去折取桂枝，常用以比喻科举考试被录取了……"

"蟾蜍的皮肤由绿、黄、黑三种颜色混合而成，很像军队的迷彩服。这是在千万年的生存竞争中形成的一种适应特征。适应既是一种本能，也是一种必须。人在进入社会后同样需要适应，需要学会生存的本领，学习这些技能首先要有科学文化知识作为基础。你们正处于打基础的最佳时机，我的任务就是帮你们打好这个基础。今天你们送我一只癞蛤蟆，明天我送你们一车财富，这财富就是知识。"

107

教室里静极了。突然，不知是谁带头鼓起掌来，骤然间掌声四起。

---

01 思考

年轻的新教师为什么赢得了调皮学生的掌声？

---

02 心得

新教师收到的不友好礼物是一只癞蛤蟆，而他回报学生的不是严厉的批评，更不是大发雷霆，而是由此触发的灵感，是宽容友好的态度，是渊博而有趣的知识。因此，他赢得了学生热烈而经久不息

的掌声。

---

03 适用话题

应变能力·创新启示·宽容友好

妙语连珠的老师

张玉庭

在大学里，淘气的学生常常会以"合理"或"合法"的形式为难他们的老师，并以此"侦察"老师的水平。自然，高水平的老师不仅全然不怕这种突如其来的"侦察"，还会通过从容巧妙的应对而"大显神威"。

请看实例。

一次，一个淘气的男生在课堂上问了逻辑老师一个问题——

假定有个女学生爱上了教逻辑的男老师，并出了个题目让老师论证"我爱上了你。请证明，你也会爱上我"，这位老师无意响应，那么，他该怎么证明？

逻辑老师笑了笑，说："我想，这位无意响应的男教师肯定心肠特好，他决不会让这位女学生难堪，他肯定会这样证明——

"能够爱别人的人是好人。

"对于你来说，我是别人。

"你能够爱别人，说明你是好人。

"好人人人爱。

"既然你是好人，那么人人都会爱你。

"这个'人人'也包括我，所以，我也爱你。"

这么一证，爱情的"爱"就变成了另一种比爱情更广义的"爱"。

01 思考

妙语连珠的老师"妙"在哪里？

02 心得

逻辑老师妙语连珠，源于他的灵感，源于他的逻辑思维能力。在他缜密的论证过程中，巧妙地把爱情的"爱"转换成另一种比爱情更广义的"爱"。这样，既不让那位女生难堪，又规避了自己的尴尬。

03 适用话题

应变能力·逻辑思维·缜密·爱

梦中的白蛇

王兰英

一般来说，发明创造都是通过实验得到的。可有的时候，做梦也能有科学发现。

十九世纪，有一个化学家在研究"苯"的化学结构。他白天在想，晚上也想。笔记本上、黑板上，甚至家里的地板上、墙壁上，都画满了化学结构式。不过实验和计算证明，这些结果都不正确。就这样，化学家忙活了几个月，还是没有收获。

有天晚上，化学家从实验室出来，乘坐马车回家。因为实在太累了，所以就在马车上睡着了。

迷迷糊糊之间，他看见一条白色的蛇在眼前扭动。白蛇越扭越快，开始飞快地转圈。最后，蛇一下子咬住了自己的尾巴，变成了一个环状。

忽然，有人大声喊："先生，醒醒，到家了！"

化学家猛地惊醒过来，原来是一场梦。不过一个念头闪过：说不定，"苯"就像一条咬着尾巴的白蛇，是个环状的结构！

化学家跳下马车，飞快地扑到书桌前拿起笔在纸上画了起来。经过实验和论证，"苯"的化学结构的确是环状的。

这位化学家叫凯库勒。这个创造性发现解决了化学史上一个长期的难题，也使他成为历史上赫赫有名的化学家。

---

01 **思考**

苯的环状结构是怎样被发现的？

02 **心得**

创新需要灵感，灵感不是天生的，而是来自长期的积累与全身心的投入。没有积累，就没有创新。

凯库勒梦中的发现绝不是偶然，而是他成千上万次实验积累的体现。

当我们不经意产生灵感时，一定要珍视它，因为那是思考送给我们的珍贵礼物，如果你不能及时收留，就会白白溜走。

---

⑬ 适用话题

积累与创新·偶然与必然·珍视灵感

思维定式

——束缚创新的枷锁

（四）

人们在一个有限的范围内，往往会形成自己惯用的、模式化的思维模型。当面临某个事物或现实问题时，便会不假思索地把它们纳入已经习惯的思维框架，并沿着这个思维轨迹进行思考和处理，这就是思维定式。思维定式的形成与现实社会的文化传统和个人的独特生活经历有很大的关系，具有惯性，一旦定型就极难改变。人们头脑中的思维定式有多种，其中对思维影响较大的有：权威定式、从众定式、经验定式等。

上帝与乞丐

佚名

　　上帝想改变一个乞丐的命运，就化作一个老翁去点化他。他问乞丐："假如我给你 1 000 元钱，你打算怎么用它？"乞丐回答说："这太好了，我就可以买一部手机呀！"上帝不解，问他为什么。"我可以同城市的各个地区联系，哪里人多我就往哪里乞讨。"乞丐回答说。上帝很失望，又问："假如我给你 10 万元钱呢？"乞丐说："那我可以买一部车。这样我以后再出来乞讨就方便了，再远的地方也可以迅速赶到。"上帝感到很悲哀，这次他狠了狠心说："假如我给你 100 亿元钱呢？"乞丐听罢，眼里闪着亮光说："太好了，我可以把这个城市最繁华的地区全买下来！"上帝挺高兴。可是这时乞丐突然补充了一句："到那时，我可以把我领地里的其他乞丐都撵走，不让他们抢我的饭碗。"

01 思考

　　上帝给乞丐的资助一次比一次丰厚，为什么乞丐想到的只是优化乞讨的条件呢？

02 心得

　　上帝与乞丐的对话可谓传神之笔：上帝给乞丐的资助一次比一次丰厚，可是冥顽不灵的乞丐只是想到优化乞讨的条件，只是追求乞讨的饭碗最大化。

对话戛然而止，乞丐的思维定式发人深思。

03 适用话题

　　思维定式·冥顽不灵·发人深思

113

马屁股的宽度

邓万祥

有一则近于黑色幽默的小故事:

美国铁路两条铁轨之间的标准距离是4.85英尺(约1.48米)。这个令人惊奇的标准究竟从何而来?

原来这是英国铁路标准,因为美国的铁路最早是由英国人设计建造的。那么,英国人为什么用这个标准呢?原来英国的铁路是由建电车轨道的人设计的,而这个4.85英尺正是电车所用的标准。电车轨道标准又是从哪里来的呢?原来最先造电车的人以前是造马车的,而他们是用马车的轮宽作标准。那么,马车为什么一定要用这个轮距标准呢?因为如果那时候的马车有任何其他轮距的话,马车的轮子很快就会在英国的老路上被撞坏的。为什么?因为这些路上辙迹的宽度为4.85英尺。这些辙迹从何而来呢?答案是古罗马人定的,4.85英尺正是古罗马战车的宽度。如果任何人用不同的轮宽在这些路上行车的话,他的轮子的寿命都不会长。我们再问:罗马人为什么用4.85英尺作为战车的轮距宽度呢?原因很简单,这是两匹战车的马的屁股的宽度。

故事到此应该完结了,但事实上还没有。下次你在电视上看到美国航天飞机立在发射台上的雄姿时,你留意着,在它的燃料箱的两旁有两个火箭推进器,这些推进器是由设在犹他州的工厂所提供的。如果可能的话,这家工厂的工程师希望把这些推进器造得再胖点,这样容量就可以大一些,但是他们不可以,为什么?因为这些推进器造好后要用火车从工厂运到发射点,路上要经过一些隧道,而这些隧道的宽度只比火车轨道的宽度宽了一点点。

故事是颇有趣的。从一定意义上说,今天世界上最先进的运输系统的设计,或许是由两千年前的两匹战马的屁股宽度来决定的。历史惯性的力量是多么强大,要冲破由惯性形成的规则又是多么艰难!

历史是一笔财富,规则是一种秩序,但它们同时又可能是一种沉重而严酷的束缚。要想拥有财富,主宰命运,就必须大胆地挣脱束缚,勇敢地挑战规则。

01 思考

为什么两匹马屁股的宽度决定了航天飞机火箭助推器的大小?

02 心得

这是路径依赖。它指人类社会中技术的选择有类似于物理学中的惯性,即

一旦进入某一路径(无论是"好"还是"坏"),就可能对这种路径产生依赖。一旦人们做了某种选择,惯性的力量会使这一选择不断自我强化,并且轻易走不出去。

追本溯源,科技与文明的轨迹是如此清晰明了,又如此让人震撼深思。最先进的科技中居然清晰地印刻着最原始的痕迹。

03 适用话题

路径依赖·追本溯源·先进与原始

人生不要自我设限

太阳花

实验者往一个玻璃杯里放进一些跳蚤,发现跳蚤立即轻易地

跳了出来。重复几遍，结果还是一样。根据测试，跳蚤跳的高度均在其身高的 100 倍以上，所以跳蚤称得上动物中的跳高冠军。

接下来，实验者再次把这些跳蚤放进杯子里，不过这次是立即在杯上加了一个玻璃罩。结果"嘣"的一声，跳蚤重重地撞在了玻璃罩上。跳蚤虽然也十分困惑，但它不会停下来，它开始根据盖子的高度来调整自己所跳的高度。

经过一段时间，这些跳蚤再也不会撞击到这个玻璃罩了，而是在罩子下面自由地跳。

第二天，实验者开始把这个玻璃罩轻轻拿掉。跳蚤不知道玻璃罩已经去掉了，还是在原来的这个高度继续跳。三天以后，实验者发现这些可怜的跳蚤还在按原来的高度跳。一周以后，发现那些可怜的跳蚤还在这个玻璃杯里不停地跳着——它们已经无法跳出这个玻璃杯了。

后来，生物学家在玻璃杯下放了盏酒精灯，并且点上了火。不到五分钟，玻璃杯烧热了，所有的跳蚤自然发挥出了求生的本能，再也不管头是否会被撞痛（因为它们都以为还有玻璃罩），全都跳出了玻璃杯。

01 思考

是什么原因导致"自我设限"？

02 心得

思维定式使跳蚤迷失了自我，它们不知道自己是善跳的跳蚤了。这是多么可怕的事实啊！玻璃罩已经罩在跳蚤的潜意识里，罩在了跳蚤的心灵上，行动的欲望和潜能被扼杀了。科学家把这种现象叫作"自我设限"。

人有些时候也是这样。很多人不敢追求成功，不是追求不到成功，而是因为他们心里面也默认了一个"高度"，这个高度常常暗示自己：成功是不可能的，这是没有办法做到的。"心理高度"是人无法取得伟大成就的根本原因之一。只有打破限制，我们才能有所超越。

03 适用话题

自我设限·欲望·潜能

两道选择题

娄章

大学一堂选修课上，教授面带微笑，走进教室，对我们说："我受一家机构委托，来做一项问卷调查，请同学们帮个忙。"一听这话，教室里一阵轻微的议论开始了。大学课堂本来枯燥，这下好玩多了。

问卷发下来一看，只有两道题。

第一题：他很爱她。她细细的瓜子脸，弯弯的蛾眉，面色白皙，美丽动人。可是有一天，她不幸遇上了车祸，痊愈后，脸上留下几道大大的丑陋疤痕。你觉得，他会一如既往地爱她吗？

A.他一定会　B.他一定不会　C.他可能会

第二题：她很爱他。他是商界的精英，儒雅沉稳，敢打敢拼。忽然有一天，他破产了。你觉得，她还会像以前一样爱他吗？

A.她一定会　B.她一定不会　C.她可能会

一会儿，我们就做好了。问卷收上来，教授一统计，发现：第一题有10%的同学选A，10%的同学选B，80%的同学选C。

第二题呢，30%的同学选 A，30%的同学选 B，40%的同学选 C。

"看来，美女毁容比男人破产更让人不能容忍啊。"教授笑了，"做这两题时，在潜意识里，你们是不是把他和她当成了恋人关系？"

"是啊。"我们答得很整齐。

"可是，题目本身并没有说他和她是恋人关系啊？"教授似有深意地看着大家，"现在，我们来假设一下，如果第一题中的'他'是'她'的父亲，第二题中的'她'是'他'的母亲。让你把这两道题重新做一遍，你还会坚持原来的选择吗？"

问卷再次发到我们的手中，教室里忽然变得非常宁静，一张张年轻的面庞变得凝重而深沉。几分钟后，问卷收了上来，教授再一统计，两道题，我们都100%地选了A。

教授的语调深沉而动情："这个世界上，有一种爱亘古绵长，无私无求，不因季节更替，不因名利浮沉，这就是父母的爱啊！"

善待自己的父母，他们永远是最爱你的。

---

01 **思考**

为什么同学们会把"他"和"她"当成恋人关系？

02 **心得**

同学们凭经验想当然地把"他"和"她"当成恋人关系，当时课堂氛围轻松好玩；当教授假设"他"和"她"是父母和子女时，"教室里忽然变得非常宁静"，同学们的表情凝重而深沉。文章揭示了经验定式严重束缚了思维，而对比手法的运用，则赞美了父母对子女伟大的爱。

03 **适用话题**

经验定式·父爱·母爱

迷信人类的猴子

云弓

大猴、二猴与小猴一起出去游玩，看见路边有一个被游人丢弃的眼镜框。

大猴："那是什么？"

二猴："好像是副眼镜，我经常看见人类戴着它。"

小猴忙跑过去将眼镜框捡了起来，戴在脸上："真的是眼镜。太棒了，不愧是人类做的东西！我一戴上近视眼就好了。人类真了不起！"

大猴接过眼镜框："真的耶，呵呵！我的老花眼也好了，了不起的人类呀！"

二猴也顺手戴上："嗯，不错，我就怕强光，这玩意儿戴上去光线弱多了。我想这就是墨镜了。不是我盲目崇拜人类，瞧瞧人家做的东西！"

说着二猴顺手将眼镜摘下，手指竟然穿过了空空的镜框："这是怎么回事，没有镜片？"二猴的脸一下子红了起来。

小猴得意地笑笑，胸有成竹的样子："呵呵！你们就是笨，这叫隐形眼镜，懂吗？

01 思考

读了这个故事，我们可以反思一下，我们身上是否有类似的猴性？

02 心得

三只猴子上演了一出戴眼镜框的猴戏，猴的无知、愚蠢、可爱被演绎得淋漓尽致。在这则寓言里，一个被人丢弃的眼镜框被认为既是近视眼镜又是老光眼镜，既是墨镜又是隐形眼镜，迷信权威（人类）的思维定式就是如此荒唐可笑。

在现实生活中，我们很多时候都在有意无意地接受权威的影响，迷信权威，盲从权威，失去了自己的见解。在学校一味听老师的，在单位只听领导的，无知，愚蠢，而唯独缺乏的就是：自我思考，勇于创新。

---

⑬ 适用话题

迷信权威·无知愚蠢·独立思考

破除思维定式

——打破思维的枷锁

5

思维定式有益于日常对普遍问题的思考和处理，但不利于思维的创新。要有所创新，就要突破自己固有的思维定式。事实上，人类社会所创造的每一件物质产品或精神产品都是突破思维定式的成果。

打破常规

东方笑

在一次欧洲篮球锦标赛上，保加利亚队与捷克斯洛伐克队相遇。当比赛剩下八秒钟时，保加利亚队以两分领先，一般来说已稳操胜券。但是，根据那次比赛循环制规则，保加利亚队必须赢得五分以上才能取胜。可要用剩下的八秒钟赢三分，谈何容易？

这时，保加利亚队教练突然请求暂停。场上观众对此付之一笑，认为保加利亚队大势已去。

暂停结束后，比赛继续进行。这时，场上出现了令人意想不到的场面：保加利亚队的队员突然运球向自家球篮下跑去，并迅速起跳投篮，球应声入网。全场观众掌声雷动。保加利亚队出人意料之举，为自己创造了一次起死回生的机会。

结果，在加时赛中，保加利亚队净赢六分，光荣出线。

---

01 **思考**

保加利亚队为什么能创造奇迹？

---

02 **心得**

什么叫另辟蹊径？什么叫起死回生？往往在面对困境的时候，需要的只是两样东西：一点置之死地而后生的勇气，一点打破常规破除思维定式的机智。

以退为进也是一种智慧。在必要的时候为前进的脚步适当放慢，为的是积蓄力量，将走得更远。在适当的时刻转身向后，为的是柳暗花明，别有洞天。

---

03 **适用话题**

破除思维定式·以退为进·创新

狮子的女儿

纪伯伦

四名奴仆站立着，为靠在王座上睡着的老女王扇风。女王打着鼾，她的膝上卧着一只猫。它不停地低吟，眼光懒洋洋地盯着奴仆们。

第一个奴仆说话了："这个老婆娘的睡相多么难看！瞧她下耷的嘴巴，瞧她呼吸得那么费劲，就像魔鬼正在卡住她的喉管。"

猫低哼而语："她的睡相再难看，也不及你们这些醒着的奴隶丑态之一半。"

第二个奴仆说："你们以为睡眠会使她的皱纹舒平一点，而不是加深？其实相反，瞧那一脸皱纹，她定在梦着什么恶魔。"

猫低哼着："你们怎么不去入睡，梦见你们的自由？"

第三个奴仆说道："或许她正梦见她残杀过的所有人在列队而行呢。"

猫低哼而语："对，她在梦见你们的祖先和后代列队而行。"

第四个奴仆说："对她评头品足虽不错，只是减轻不了我站着扇风的疲劳。"

猫低哼着："你们将永生永世为人扇风，因为在天上的情况也跟在地上一样。"

这时，老女王的头忽然低垂了一下。她的王冠掉到了地上。

一个奴仆说道："这可是凶兆。"

猫低哼着："一个人的凶兆对另一个人就是吉兆。"

第二个奴仆说："她要是醒来，发现王冠落地还了得！她肯定会杀了我们。"

猫低哼着："自你们出生之日起，她就残杀了你们，而你们全然不知。"

第三个奴仆说："的确，她会杀掉我们，并说这是祭神。"

猫低哼道："只有弱者才被拿来祭神。"

第四个奴仆让同伴安静了下来，他轻轻拾起王冠，小心地戴在女王头上，没有把她惊醒。

猫低哼着："唯有奴隶才会把落下的王冠替主人重新戴上！"

过了一会儿，老女王醒来，她看看四周，打着哈欠说："我做了一个梦，梦见一棵老橡树的树干上，四条毛虫正被一只蝎子追逐着，我不喜欢这梦。"

说完她闭上眼睛又睡了，不一会儿鼾声又起。四个奴仆继续为她扇风不止。

猫低吟着："扇吧，扇吧，一帮愚氓！你们扇的乃是吞噬你们的火焰。"

01 思考

猫在这篇寓言里是怎样一个形象？

02 心得

这篇寓言讽刺的对象是老女王和四个奴仆。而作者别出心裁地在他们生活中安排了猫这个旁观者、点评者的角色。它犹如一面镜子，使讽刺对象原形毕露：老女王昏聩、丑陋、凶残，四个奴仆媚骨奴颜、不思反抗。

03 适用话题

昏聩·凶残·奴颜媚骨·不思反抗

上帝被猿颠覆

佚名

在《物种起源》中，达尔文提出了"生物进化论"：生命起源于原始细胞，然后逐渐从简单到复杂、从低级到高级不断发展，最终进化出今天种类繁多的生命形态；生物在进化过程中，相互之间不断进行着生存斗争，并通过自然选择，优胜劣汰。

在达尔文之前，欧洲人相信是神或者上帝创造了整个世界，达尔文的进化论否定了教会的说法，动摇了基督教信仰的重要基础，因此，教会对《物种起源》恨之入骨，称之为"魔鬼的圣经"。赫胥黎看完此书，也预感到它将会激起教会的强烈反对。于是，在给达尔文的信中，赫胥黎热烈赞扬《物种起源》，并说"我正在磨利爪牙，以备来保卫这一高贵的著作"，必要时"准备接受火刑"。

于是，达尔文、赫胥黎与教会之间发生了激烈的冲突，有人还给达尔文寄来一颗子弹进行威胁。在斗争和危险面前，赫胥黎挺身而出，毫不畏惧，骄傲地宣称："我是达尔文的斗犬。"有一次，一个人看到赫胥黎，讽刺地说："当心，那只狗又来了。"赫胥黎轻蔑地回答说："是啊，盗贼最害怕嗅觉灵敏的猎犬。"

1860 年 6 月 30 日，赫胥黎与大主教威尔伯福斯在英国牛津大学展开了一场关于人类起源的大辩论。

在辩论中，威尔伯福斯除了援引《圣经》上的说法之外，什么也说不出。而赫胥黎材料翔实，有根有据，把威尔伯福斯驳得哑口无言。最后，威尔伯福斯只得尖刻地反问赫胥黎："你是从猿祖父还是猿祖母哪一支生出来的？"然而，赫胥黎毫不示弱地说："人类没有理由因为他们的祖先是猴子而感到羞耻，与真理背道而驰才是真正的羞耻。只有那些游手好闲、不学无术而又一心要靠祖先名头的人，才因祖先的野蛮而感到羞耻。"

01 **思考**

上帝为何被猿颠覆？

02 **心得**

从哲学上看，人类首先是动物，与动物猿有着亲缘关系。即使在本质上人不同于动物，但在生物学意义上，人不能否认自己的动物性。但是，人又不仅仅是动物，人具备很多动物没有的能力。所以，人是动物性和非动物性的统一体。达尔文的进化论否定了教会的上帝创造了整个世界的说法。所以，可以说上帝被猿颠覆。

03 **适用话题**

破除权威定式·言之有据·真理

"备战"美国奥数选拔赛

文扬

一天，读高二的女儿放学回来对我说："妈妈，今天数学老师杰克说，要从我们中间挑选参加美国数学奥林匹克的学生。入选美国数学奥林匹克后，才有资格参加世界数学奥林匹克。"

考试那一天，我叮嘱女儿说："考试时千万不要紧张，看清题目再做，做完后要仔细检查。"女儿做题一直都很粗心，不是看错了题，就是尾数掉了一个零。

"我知道。"女儿说。

考试完后，我问女儿："今天考得怎么样？"

女儿说："题目还是挺难的，不过，我觉得大多数都做对了。"

过了十几天，女儿从学校回来，高兴地对我说："妈妈，我通过全美数学竞赛了，杰克通知我参加下个月的全美数学邀请赛。"

我也很高兴，毕竟女儿通过了初选。我对女儿说："我看你一点都没有复习，还以为你考试通不过呢。"

"我是中国人呀，妈妈。他们都说中国人很聪明。"

我说："聪明还得要努力，希望你全美数学邀请赛也能考出好成绩。"

女儿做了个鬼脸。

女儿在接下来的全美数学邀请赛没有通过，被淘汰了。这一次考试也和前一次考试一样，老师没有布置任何复习题。女儿的落选并不在我的意料之外。女儿在数学方面没有天赋，她又不是很努力。

我问女儿："你们班上有同学通过吗？"

女儿说："有，我们班的斯蒂文就通过了，但斯蒂文对杰克说，他不想参加奥林匹克竞赛。"

"为什么？"我惊讶道，"这么好的机会，你那个同学为什么选择放弃？"

"斯蒂文说，他觉得数学奥林匹克集训太没意思了。"

"既然他不想参加数学奥林匹克，那他为什么要参加前两轮的比赛？"

"想证明自己的能力呗。"

"这孩子。"我为斯蒂文感到惋惜：多好的一个机会，可他却轻易放弃了。

我问女儿："斯蒂文在你们班上数学成绩一定很棒吧？"

"那还用说，不好能进数学奥林匹克？"

"你们老师不是从来都不公布学生的分数吗？你怎么知道的？"

"课堂提问呗。杰克每次提问，他都答对了。斯蒂文很聪明。"

"斯蒂文一定也很努力。"我说。

"那还用说，人家对数学感兴趣嘛。"

"你要向人家好好学习。"

"妈妈，"女儿反问我，"兴趣能够学吗？"

我一时无语。

01 思考

学习奥数，美国孩子和中国孩子有何差异？

02 心得

在"禁奥令"之前，奥数一直是中国家长最关心的话题之一，因为"奥数"两个字除了代表开发智力、符合潮流之外，最重要的是针对中高考可以加分、保送。因此，学奥数的疯狂点燃了整个中国社会。

在美国，并不建议所有孩子去学奥数，也不建议他们太早接触奥数，强调要有"度"，孩子有兴趣，并且适应数学思维，才鼓励他继续发展。

因此，美国与中国备战奥数大相径庭，中国的经验不能套用。

03 适用话题

奥数热·兴趣·中美奥数差异

皇帝挡住了哲学家的阳光

佚名

冬天清晨的阳光出奇地刺眼。古希腊哲学家第欧根尼的眼珠在眼皮下骨碌转了两下，猛地睁开了眼。

"不错的早晨。"第欧根尼开心地对着空气说着，爬出了他的屋子。也许我们应该说得更准确一点：第欧根尼爬出了他居住的木桶。

第欧根尼吃完他的早饭，把头伸到广场上的水池里喝了个饱，然后靠着水池躺了下来。太阳暖洋洋地照在他身上，第欧根尼舒服地眯起了眼睛。

可是很快阳光就被一片阴影挡住了。

"我能为你做些什么吗？"

第欧根尼睁开眼睛，一个身披紫色斗篷、目光炯炯有神的年轻人站在他面前，而在此人身后，是黑压压的人群。

"这是亚历山大大帝，马其顿皇帝，希腊的征服者。快起来向他行礼！你算是走运啦！"一个穿着金色铠甲的侍从在第欧根尼耳边说。

"第欧根尼先生，我能为你做些什么吗？"亚历山大俯下身子，微笑着又问了一次。

"能。"这个衣衫褴褛、肮脏邋遢的人懒洋洋地说，"请往边上站一点，你挡住了我的阳光。"

沉默，一阵惊愕的沉默。慢慢地，亚历山大直起腰，转过身子。那些穿戴优雅的希腊人窃窃私语，马其顿军士们发出一阵哄笑。

"假如我不是亚历山大，我一定做第欧根尼。"亚历山大平静地说。他知道，这世上只有征服者亚历山大和乞丐第欧根尼是自由的。

01 思考

为什么哲学家第欧根尼敢于让挡住了阳光的国王走开？

02 心得

第欧根尼的教导一点也没有我们现在所称之为"玩世不恭"的东西，而是恰好与之相反，他对"德行"具有一种热烈的感情。他认为和德行比较起来，俗世的地位和财富是无足计较的。他追求德行，并追求将道德自由从欲望之下解放出来：只要你对幸运所赐的地位和财富无动于衷，便可以从恐惧之下解放出来。在他看来，享受的权利从来不分乞丐与皇帝。你挡住了我享受的阳光，那么请你让开。

03 适用话题

德行与地位财富·享受的权利·自由

苏格拉底的苹果

风轻云淡

苏格拉底在世的时候，很多年轻人都非常崇拜他，虔诚地奉他为导师。苏格拉底经常在雅典城的中心广场给学生讲课，或者探讨各种各样的问题。他发现学生太尊敬他以至于迷信他的思想、依赖他的分析，没有自己的主见。于是，他想到了一个主意。

这一天，苏格拉底又来到中心广场，很快就有很多年轻人围拢过来。等学生们坐好以后，苏格拉底站起来，从短袍里面掏出了一个苹果，对学生们说："这是我刚刚从果园里摘下的一个苹果，你们闻闻它有什么特别的味道。"

说完，苏格拉底拿着苹果走到每一个学生面前，让他们闻了一下。然后，他问离他最近的学生闻到了什么味道，这个学生说闻到了苹果的香味。他又问第二个学生，这个学生同样回答闻到了苹果的香味。

柏拉图坐得比较远，轮到他回答的时候，前面的十几个人的回答都是一致的——闻到了苹果的香味。苏格拉底示意他站起来回答时，他看了看同学们，然后慢慢地对老师说："老师，我什么味道也没有闻到。"

大家对柏拉图的回答感到很奇怪，因为他们都闻到了苹果的香味。可是，苏格拉底告诉大家：只有柏拉图是对的。接着，苏格拉底把那个苹果交给学生们传看，大家才发现：这竟然是一个用蜡做成的苹果！

这时，苏格拉底对他的学生们说："你们刚才怎么会闻到了苹果的香味呢？因为你们没有怀疑我。我拿着一个苹果，你们为什么不先怀疑苹果的真伪呢？永远不要用成见下结论，要相信自己的直觉，更不要人云亦云。不要相信所谓的经验，只有开始怀疑的时候，哲学和思想才会产生。"

01 思考

苏格拉底让学生闻苹果的用意何在？

02 心得

苏格拉底的用意是想让学生明白：任何时候都要

用自己的大脑去思考，只有这样才能获得真正的知识。不仅是哲学家，任何人都要记住：独立思考，自己判断。思考是人区别于动物的最重要特征。如果一个人自己不知道思考，可以说他还没有真正学会做人。只有爱思考的人，才会有所成就。柏拉图就是一个敢于怀疑老师、独立思考的人，所以他成为继苏格拉底之后又一位伟大的哲学家。

───────

03 **适用话题**

自信·敢于怀疑·独立思考

小小的裁缝店广告

佚名

在美国纽约的一条街道上有三家裁缝店，裁缝们的手艺都不错。

可是，因为离得太近了，大家难免存在竞争。为了抢生意，他们都想挂出有吸引力的招牌来招徕顾客。

很快，第一个裁缝就在他的门前挂出了一块招牌，上面写着这样一句话："纽约最好的裁缝！"

另一个裁缝看有人这么快出招了，也不甘示弱，他连忙写了一块更大气的招牌。第二天挂出来的时候，大家一看，上面写的是："全国最好的裁缝！"

第三个裁缝正巧外出未归。他的妻子看着两位同行相继挂出了这么大气的广告招牌，抢走了大部分的生意，心里很是着急。

她开始为招牌的事茶饭不思：一个说是"纽约最好的裁缝"，另一个说是"全国最好的裁缝"，他们都大到这份儿上了，我难不成要说自己是全世界最好的裁缝吗？这是不是有点太虚假了？让人根本难以相信嘛！

几天后，第三个裁缝回家了，妻子马上把另两家挂招牌的事告诉了他，让他赶紧想想办法。裁缝听完整件事的来龙去脉后，微微一笑，不慌不忙地安慰妻子说："不用着急，他们在为我们做广告呢，等着瞧好了。"

当然，这个裁缝敢这么说，其实心里早已有数。很快，他就挂出了自己的招牌。

招牌一亮，他的店里很快就来了很多客人，这个裁缝店从此比其他两家都生意兴隆。

人们不禁会问，究竟招牌上写的是什么呢？

这个裁缝的口气与前两位相比，很小很小。他的招牌上写着这样一句话："本街最好的裁缝！"

"本街"最好，那就是这三家中最好的。

没想到吧？聪明的裁缝并没有拼命地吹嘘自己的小店，而是用了比"全国""纽约"都要小得多的"本街"一词。

然而，这个小小的"本街"却盖过了大大的"纽约"，乃至大大的"全国"。

01 思考

"本街最好的裁缝"赢在何处？

02 心得

广告最忌讳无根据地吹牛，谁认定你是全省、全国最好的？第三家很聪明，就算你是全球最好的，商圈就是这条街，既然全省、全国最好的都在这条街上，我恭喜你们，但跟你们相比，我只是这条街上最好的！

没有对抗，没有争吵，窃笑中获得了诚实、严谨、聪明的美誉！

---

03 适用话题

诚实·严谨·智慧

面对路边的红李子

遗君明珠

第一年

有一群小朋友在郊外玩耍，忽然看见路边有棵李树，上面的李子个大皮红。小朋友都争先恐后地跑去摘李子，只有其中一个叫王戎的小朋友站着不动。有人奇怪地问他："为什么不去摘李子？"王戎说："路边的李树结满了果实而没有人摘，说明这李子一定是苦的。"同伴们听了，拿到嘴里一尝，果然是苦的。

故事很快传开。甚至，当地的教育部门还把这个故事编入了学校的教科书，叫作《路边苦李》，以此来教育大家这个常识性道理：李生大路无人摘，必苦也。

第二年

王戎和一群小朋友去郊外玩耍，忽然看见路边又有一棵李树，树上的李子个大皮红。这一次小朋友们都对李树视而不见，只有王戎走过去摘下一个尝了尝，然后坐下来美美地吃了一顿。同伴们问他："路边的李树结满了果实而没有人摘，难道不苦吗？"王戎说："大家都知道了'李生大路无人摘，必苦也'的道理，那么人们肯定以为路边的李子都是苦的而不吃，所以我要尝一尝才知道到底是不是苦的啊！"

这个故事更是传开了。教育部门把教科书上的文章改为《李子的味道，尝后才知道》。

第三年

王戎和一群小朋友去郊外玩耍，又看见路边有一棵李树，树上的李子个大皮红。有了去年的经验，小朋友们都跑过去尝李子到底是不是苦的，只有王戎站在那里不动。有人问他："这次你怎么不去尝了？"王戎说："大家都明白看见李树要先尝一尝的道理，既然我们不是第一个看见这棵李树的，肯定已经有人先尝过了，如果是甜的肯定早就被吃掉了，剩下的一定是苦的。"同伴们一尝，果真如此。

这一次王戎的名气更大了。教科书里的文章悄悄换成了《要用脑袋思考，不要盲目行动》。

第四年

王戎和一群小朋友去郊外玩耍，又看见路边有一棵李树，树上的李子个大皮红。小朋友们都不去吃上面的李子，只有王戎走过去大吃了起来。同伴奇怪地问："这李子不是很苦的吗？"王戎说："根据去年的经验，大家都以为自己不是第一个看见李树的，认为肯定已经有人尝过了，所以甜的肯定还在，所以还有甜李子吃啊。"

众人皆服。

章会怎样修改？

02 心得

这一年，教科书上的文章可考虑改为《成功永远属于那些打破思维定式的人》。

03 适用话题

独立思考·打破思维定式·与时俱进

01 思考

第四年，教科书上的文

"乌鸦喝水"新编

前进

一只乌鸦口渴了，到处找水喝。它看见一个瓶子里有水，可是瓶子很高，瓶口又小，水并不多，喝不到。于是，乌鸦把小石子一个一个地衔起来，丢到了瓶子里，瓶子里的水慢慢升高，这下乌鸦喝到水了。其实在这之前，很多口渴的鸟儿都看到了这半瓶水，它们也都想喝。可是一个个试了后，都遗憾地摇摇头飞走了。现在乌鸦却凭自己的聪明才智想出了办法，喝到了水。乌鸦高兴地在原地转了几圈后，扇动翅膀飞入林子。乌鸦每见到一只鸟儿，就不厌其烦地讲述它怎样凭借智慧"喝水"的故事。就这样一传十十传百，乌鸦的名气一天天大了起来。

恰好森林学校在招聘老师，乌鸦前去应聘。当校长听说它就是那只了不起的乌鸦时，当场就同意录用它。于是乌鸦就成了森林学校的一名教师。同学们都喜欢听乌鸦讲课，还特别喜欢听它讲"喝水"的故事。周围的兄弟学校也请它去讲课，它当然少不了要讲"喝水"的故事。"喝水"的故事成了它的"经典曲目"。

一届届的学生就这样从乌鸦手上毕业了，也没有谁对它"喝水"的故事提出什么疑问。可是，有一年，乌鸦再在课堂上讲这个故事时，却有很多同学提出了疑问。有的说："老师，我觉得你能喝到水只是一种侥幸，你遇到的那个瓶子一定有一个够大的口，如果口小的话，投入石子后即使水漫上来，你也是不可能喝到水的。因为你的喙伸进去后，根本无法张开。我认为，切不可把一次侥幸的成功当作成绩炫耀。侥幸的成功比失败更可怕！"有的说："老师，我觉得你缺乏安全意识，怎么不问水的来源，随便什么水都喝呢？假如那水里掺有麻醉药，是捕鸟人设置的圈套呢？或者假如那水里面有毒呢？"有的说："老师，我觉得你不讲卫生，地上那些石子你清洗了吗？你消毒了吗？你经过卫生检测了吗？

如果都没有，你就那样稀里糊涂地将石子投入瓶子，岂不将水全都污染了？这样的水还能喝吗？"

乌鸦瞪大眼睛望着同学们，一时不知该怎么回答。这时，有个同学直接站起来说："老师，我觉得你这不是最好的办法，我们还有比你更好的办法！"这位同学的话一下得到了很多同学的响应，大家纷纷发表自己的见解。有的说："衔石子投入水中，劳动量太大，又费时间，应该将嘴伸进瓶子里，然后慢慢将瓶子倾斜，就能喝到水。"有的说："我认为最好的办法是找来一根吸管，如果找不到吸管，就找一根麦秆，伸进瓶子里，可以一口气将水喝完。"有的说："还可以将棉花团或海绵系上一根线后，弄到瓶子里，待棉花团或海绵吸饱水后再拉出来，放在嘴里吸出水分不就喝到了吗？"

乌鸦站在讲台上，一时不知所措。它在心里问自己："我这讲了几十年的经典故事，怎么到现在的孩子这里就不灵了呢？"

就不灵了呢？

02 心得

时代在变，人们的思维方式也会跟着发生变化，如果还抱着"老皇历"睡觉，无疑会落后于时代。乌鸦老师应该与时俱进，加强学习，多读书，跟上时代的节奏。

01 思考

"乌鸦喝水"的经典故事怎么到现在的孩子这里

03 适用话题

思维定式·老皇历·与时俱进

六

视角转换

视角指看问题或思考事物的角度，也称眼光、眼界。创造性的思维是一种多视角的思维，可以从多种不同角度观察同一现象，思考同一对象，研究同一问题，即视角转换。养成一种多元化思维的视角方式，对我们创造性地解决问题具有重大意义。

视角转换包括四个层次：其一，破除个人自我视角，换位思考，理解别人的观点和行为同样具有某种合理性；其二，破除团体自我视角，换位思考，理解另一团体的人们的观点和行为也具有合理性；其三，破除民族自我视角，换位思考，理解其他民族的观点和行为也具有合理性；其四，破除人类自我视角，换位思考，才能形成人与自然环境的和谐关系。

上帝发的答卷

何文玉

一天，上帝酒足饭饱之后突发奇想："假如让现在世界上每一种生存者再活一次，他们会怎样选择呢？"于是，上帝授意给世界众多动物发一答卷，让大家填写。

答卷收回后，上帝大吃一惊。请看他们各自的回答——

猫："假如让我再活一次，我要做一只老鼠。我偷吃主人一条鱼，会被主人打得半死；老鼠呢，可以在厨房翻箱倒柜，大吃大喝，人们对它也无可奈何。"

鼠："假如让我再活一次，我要做一只猫。吃皇粮，拿官饷，从生到死有主人供养，时不时还有我们的同类给他送鱼馈虾，很自在。"

猪："假如让我再活一次，我要当一头牛，生活虽然苦点，但名声好。我们似乎是傻瓜懒蛋的象征，连骂人也要说'蠢猪'。"

牛："假如让我再活一次，我要当一头猪。我吃的是草，挤出的是奶，干的是力气活，有谁给我评过功、发过奖？做猪多快活，吃了睡，睡了吃，肥头大耳，生活赛过神仙。"

鹰："假如让我再活一次，我愿做一只鸡，渴有水，饿有米，住有房，还受主人保护。我们呢，一年四季漂泊在外，风吹日晒雨淋，还要时刻提防冷枪暗箭，活得多累呀！"

鸡："假如让我再活一次，我愿做一只鹰，可以翱翔天空，任意捕捉鸡。而我们除了生蛋，每天还胆战心惊，怕被捉挨宰，惶惶不可终日。"

蛇："假如让我再活一次，我愿做一只青蛙，处处受人类的保护。我们呢，处处遭人毒打，还要吃我们的肉，活着有什么意思。"

青蛙："假如让我再活一次，我愿做一条蛇，人见人怕，躲得远远的。我们呢，本来登不得大雅之堂的，现在倒好，人们变着法地吃，大型宴会、酒席、饭店、餐馆处处可见蛙肉做的'美食'。"

最有意思的是人的答卷，男人一律填写为："假如让我再活一次，我要做一个女人，上电视、报刊、广告、挂历，多风光！即使是一个无业青年，只要长得靓，一阵银铃般的笑声，一句嗲声嗲气的撒娇，一个朦胧的眼神，都能让那些正襟危坐的大款大官神魂颠倒。"女人的答卷一律写为："假如让我再活一次，一定要做个大男人，经常出入酒吧、餐馆、舞厅，不做家务，还摆大男子主义，多潇洒！"

上帝一看，气不打一处来，"哧哧……"把所有的答卷全部给撕得粉碎，厉声喝道："一切照旧！"

01 思考

为什么众多动物都愿意跟自己相对的身份置换？

02 心得

如果有来世，世界众多动物的选择令人啼笑皆非：全都认为对立的对方活得潇洒，全都愿意与对方的身份置换。显然，这是因为视角狭窄，只看到了对方的惬意，放大了自己的不如意。

众多动物，包括男人和女人，语言极有个性，生动活泼，符合各自的身份。

03 适用话题

视角狭窄·正视自己·正视他人

连环报恩

佚名

这是一则真实的报恩故事。一天，一个名叫弗莱明的英国农夫正在田里干活，忽然听到附近沼泽地里传来呼救声。农夫赶紧扔下手中的农具奔向沼泽地，只见一个小孩正在泥潭中挣扎，眼看淤泥就要没到他的腰部。农夫顾不得多想，跳进泥潭救起了小孩。

第二天，一辆豪华小汽车停在了农夫劳作的田边，一名优雅的英国贵族下车后向农夫自我介绍说，他是被救小孩的父亲，他是特意前来致谢的。"我想给您一笔钱，报答您对我儿子的救命之恩。"这个贵族说。没想到，农夫一口回绝："谢谢！不过，我不要您的酬金。"这时，农夫的儿子从远处走了过来。"这是您的儿子吗？"贵族问。"是的，先生。"农夫回答道。贵族说："如果您愿意，可以让我把您的儿子带走吗？我可以给他提供最好的教育。"农夫想了想，答应了。多年以后，在这个贵族的培养下，农夫的儿子成了一个享誉世界的医学家。有一次，贵族的儿子因肺炎病倒了，但幸运的是，此时世上已有了青霉素，通过注射青霉素，他捡回了一条命。

那个贵族名叫伦道夫·丘吉尔，他的儿子便是在"二战"期间担任英国首相、领导英国人民战胜纳粹德国的温斯顿·丘吉尔。而农夫的儿子则是青霉素的发明者亚历山大·弗莱明。他因在医学界的杰出贡献，于1945年荣获诺贝尔奖。

---

01 思考

古人说："但行好事，莫问前程。"对此，你怎么看？

02 心得

"但行好事，莫问前程"，那些总在做好事，不图回报的人迟早会得到好报。生活证实这是充满智慧的人生哲理，不朽的人生信条，深刻洞察世事的真知灼见。其原因在于，这个世界上毕竟好人比坏人多，乐于做好事的人比喜欢做坏事的人多，知恩图报的人比忘恩负义的人多。

03 **适用话题**

知恩图报·好人好报

我只是不像她们那样狂热

朱健峰

法国电影明星洛伊德有一次将车开到检修站修理，接待他的是一名女工。女工熟练灵巧的双手和俊美的容貌一下子吸引了洛伊德。令洛伊德倍感奇怪的是，整个巴黎的人都知道自己，而眼前的这位姑娘却丝毫没有流露出一点惊异和兴奋。"你喜欢看电影吗？"洛伊德禁不住问。"当然喜欢，我是个影迷。"女工手脚麻利，很快修好了车，"好了，先生，您可以开走了。"女工说道。洛伊德却依依不舍地说："小姐，您可以陪我去兜兜风吗？""不，我还有工作！"女工严词拒绝了。洛伊德还是不死心，他又一次问女工："既然你那么喜欢看电影，你知道我是谁吗？""当然知道，你一来我就认出您是影帝洛伊德了。"女工一脸平静。"既然如此，你为何对我这样冷淡呢？"洛伊德更不解了。"不！您误会了。我没有冷淡您，您有您的成就，我有我的工作。您来修车，就是我的顾客。就算您不是明星，只要是来修车，我一样会好好接待您。人与人之间不就应该是这样吗？"女工的一席话使洛伊德的心灵受到极大的震撼。他此前所到之处充满了鲜花和掌声；而今天，他在这个普通女工的面前感到了自己的浅薄和虚妄。

01 思考

女工面对影帝，为什么能不卑不亢？

02 心得

大人物之所以高大，是

因为你自己在跪着；你仰慕他们头上的光环，却忽略了自己的生活与价值。不要因为自己平凡的工作而看不起自己。重视自己的所有，即使遇不到让大明星震撼的机会，你也会因此活得丰盈充实。

03 适用话题

浅薄虚妄·追星·不卑不亢·丰盈充实

天价雕件是如何炼成的

罗强

这是一个巧夺天工的南红玛瑙雕件——玫瑰红的料子，润泽通透，几片莲叶或大或小，错落有致，看似随意，实则颇有章法；莲叶之中，一枝荷花亭亭玉立，花瓣之上，有蜻蜓欲飞。整个雕件活灵活现，十分喜人，看罢便爱不释手。最为难得的是南红无大料，而这个雕件却有拳头大小，很是少见。

让人拍案叫绝的是那朵荷花：枝干不是雕的，而是天然的一道黑筋被雕刻师合理利用，巧雕俏色；荷花蕊的颜色也是自然的白，利用之合理，让人不得不佩服。

雕件多番得奖，名气甚大，自然价格不菲。

而这件雕件的经历其实颇为坎坷。这块原料最初在一个雕刻师的手中稍作加工，玫瑰红的色质就露了出来。雕刻师大喜，这么大的料子，很难遇见；接着加工，发现了一片白，有些可惜，感叹如果全红就漂亮了；加工完成的时候，料中又硬生生多出一道黑筋，破坏了整体的美感。他十分失望，这么大的玫瑰红料委实难得，而黑筋横亘，又实在无法下手，于是一直也没有雕刻。

后来，料子以极低的价格转手到另一个雕刻家手中。拿到料子，雕刻家看了三天，最终想出这个创意设计。那条无法回避的黑筋，浑然天成，变为一根亭亭玉立的枝干。

作品以高价卖出的时候，买家说了一句话：这件作品最值钱的地方就是合理利用了这条黑筋。

世上没有毫无瑕疵的玉石，顺势而为才是琢玉的法门，为人亦当如是。

---

01 思考

玉石的瑕疵为什么会成为雕件的亮点？

---

02 心得

一块身有瑕疵的玉石放到普通的雕刻师手中，瑕

疵就是雕件的败笔；而放到眼光独到的雕刻师手中，瑕疵则会成为雕件的亮点。顺势而为，将瑕疵变为美是琢玉的法门；因材施教，将每个学生的缺点变为特点，则是教育的法门。

03 适用话题

眼光独到·变瑕疵为美·顺势而为·因材施教

芬兰中学生的"课外作业"

佚名

窗外飘起雪花，气温又降了几度。别墅里温暖如春。艾莉娜皱着眉头，慢吞吞地说："妈妈，我不想去上学。"艾莉娜今年11岁，是芬兰万塔市马尔蒂拉克索中学的初一学生。

艾丽莎关切地问："怎么不想去上学呢？"艾莉娜嗫嚅道："老师说今天的'课外作业'是家政体验，让我们上街给陌生人擦皮鞋。这真是一件丢脸的事。"

艾莉娜性格有些内向，不喜欢与人交往。要她在大庭广众下抛头露面，的确有些为难。艾丽莎安慰说："你是最棒的，我相信你的作业会让同学刮目相看的。"在艾丽莎的劝说下，艾莉娜才闷闷不乐地到了学校。

到学校后，老师给全班同学准备了擦鞋的工具：一双皮鞋刷子，一盒鞋油。他们的任务是在街上给陌生人擦皮鞋，而且要擦一定数量的皮鞋才能完成作业。

艾莉娜背着擦鞋的工具，沮丧地走在大街上。快到中午了，她还没有擦到一双皮鞋。她有些焦急：如果这次作业没有完成，她不仅会受到老师的批评，作为惩罚，下次擦皮鞋的数量还会加倍。

艾莉娜来到人流密集的公交站台，她找了一个显眼的地方，放好擦鞋工具。可是，来往的行人步履匆匆，看也不看她一眼，仿佛她不存在似的。

一位老人径直走到艾莉娜面前，叫她擦鞋。艾莉娜一怔，很快反应过来，急忙拿着鞋刷刷了起来。老人问她怎么出来擦鞋呢？"这是我们班上布置的作业，我怕完不成，时间不早了。"艾莉娜看了看天，有些担忧地说。

老人语重心长、循循善诱地劝她："孩子，鼻子下面有张嘴，打开你的心扉，与陌生人说话吧！如果你不跟他们交流，也许一下午都没有人找你擦鞋。"

从老人那里，艾莉娜得到了启发。她试着与陌生人交谈。他们并没有笑话她，而是赞赏她的勇气。

第二个来擦鞋的是位中年人，他爽快地接受了艾莉娜的请求。艾莉娜向他说了自己的困惑。他说："我小时候也不喜欢与人交流。父亲叫我与陌生人说话，我才发现，他们并没有笑话我，反而给一块糖鼓励我。"

第三个来擦鞋的是一个大姐姐，她的笑容很美，说话的声音很好听。她说："以前我也和你一样，不喜欢说话。在老师的帮助下，我才跟陌生人说话。曾经遇到的一个陌生人成为我的'贵人'，在他的帮助下，我顺利进入了一家公司。"

通过与陌生人的交谈，艾莉娜找到了自信，也顺利完成了老师布置的作业。艾莉娜兴高采烈地回到学校，交了作业。令老师没有想到的是，平时不善言辞的她，这次作业竟然是完成得最好的。

知道艾莉娜完成了作业，母亲艾丽莎很欣慰：她终于能够从封闭的世界中走出来，与陌生人交往了。多亏学校的"课外作业"的帮助。

01 思考

读了这个故事，想想我们的教育，你有何感受？

02 心得

反观国内，现阶段教育

的弊端就是只用学习成绩评价一个学生。长期刻苦、封闭的学习无疑会让学生变得"高智商，低能力"，而社会需要的综合能力只有通过实践才能学到。让孩子放下面子去擦皮鞋，参与社会实践，芬兰学生的"课外作业"值得我们学习和借鉴。

03 适用话题

社会实践·高分低能·综合素质

生命眸光

王伟

2012年12月14日上午，20岁的亚当兰扎全副武装地闯入美国康涅狄格州纽敦镇的桑迪·胡克小学，残忍地对手无寸铁的师生大开杀戒，当场打死十八名小学生和六名教职员，随后饮弹自尽。六岁的夏洛特·培根和其他几个小伙伴受伤倒在血泊之中。

警察赶到学校时，夏洛特·培根已奄奄一息，被送进医院时只剩下微弱的心跳。医生不无遗憾地告诉她的父母，小女孩已经脑死亡，继续抢救已没有任何意义。肝肠寸断的父母不愿就这样放弃，哀求医生竭尽全力，要将女孩从死神手中抢回来。

在隔壁急救室里，七岁的迈克尔·米勒由于受枪击肝脏破裂，鲜血止不住地往外涌，如果不在一小时内移植肝脏，后果将不堪设想。可是，纽敦镇离最近的大城市有一百多公里路程，时间是如此短暂，到哪里去找匹配的肝源供体呢？

无意间，医生发现夏洛特·培根正是合适的肝源供体，如果立即进行活体移植，小男孩将可以死里逃生。然而，这就意味着小女孩起死回生的希望彻底破灭。面对她那泣不成声的父母，医生无论如何都开不了口。

经过一番忐忑挣扎，小男孩的父亲终于鼓起勇气，恳请夏洛特·培根的父母能够原谅他们的自私，给予迈克尔·米勒重生的机会。顿时，走廊里的空气凝固了，小男孩的父亲诚惶诚恐地注视着对方。一阵沉默之后，小女孩的父母含着泪回答，女儿有自己的主见，希望能征得她的同意。

夏洛特·培根的母亲走到病床边，声音颤抖地对着深度昏迷的女儿耳语："小甜心，你的伙伴迈克尔·米勒急需移植肝脏，你能不能献出你的肝脏来帮帮他？如果你同意的话，就请你睁开眼睛看我们一眼吧！"

监护仪的显示器上，脑电波依然是一条平静的直线，可在众人的希冀下，夏洛特·培根的双眼竟然微微睁开，里面闪烁出一丝光芒。小女孩没有开口说话，但她的眸光似乎在提醒人们抓紧时间，别再坐视小伙伴的生命逝去。

夏洛特·培根的父母知道了女儿的心愿，强忍内心巨大的悲痛，郑重其事地代表女儿签署了人体器官捐献协议。很快，小女孩的肝脏移植到了迈克尔·米勒身上。手术很成功，小男孩得救了。

一个月后，迈克尔·米勒伤愈出院，回家第一件事就是在父母的陪同下，上门拜谢夏洛特·培根的父母。在迈克尔·米勒那双活力四射的眼睛里，夏洛特·培根的父母依稀看到女儿在荡秋千时的活泼开朗、写作业时的灵动聪明、背诵儿歌时的天真可爱、做礼拜时的无比虔诚……

这时候，他们才真正读懂了女儿最后的眸光，那不是生命之星坠落的眸光，而是开启生命之门的眸光。

01 思考

在这个令人心碎的真实故事里，生命是怎样延续的？

02 心得

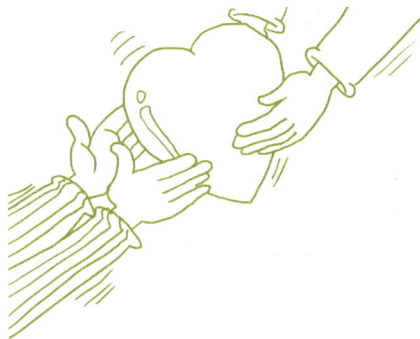

也许对夏洛特的父母来说，女儿无法醒过来以及迈克尔父母恳请他们捐献夏洛特器官的种种，都让他们悲痛欲绝；但同时，他们也是伟大的父母，他们用博大的胸怀拯救了一个生命和一个家庭，也让女儿的生命在迈克尔身上得以延续。这就是真正的生命之光。

03 适用话题

生命之光·博大的胸怀·爱

用智慧战胜对手

今夜秋水

当你要实现一个宏伟的目标时，你是选择把它分解成一个一个小目标，然后有步骤地去实现呢，还是选择从一开始就向着终点线不遗余力地冲刺——

1984 年，在东京国际马拉松邀请赛中，名不见经传的日本选手山田本一出人意料地夺得了世界冠军。当记者问他凭什么取得如此惊人的成绩时，他说了这么一句话：凭智慧战胜对手。

当时许多人都认为这个偶然跑到前面的矮个子选手是在故弄玄虚。因为人们都觉得马拉松赛是体力和耐力的运动，只要身体素质好又有耐性就有望夺冠，爆发力和速度都还在其次，说用智慧取胜确实有点勉强。

两年后，意大利国际马拉松邀请赛在意大利北部城市米兰举行，山田本一代表日本参加比赛。这一次，他又获得了世界冠军。记者又请他谈经验。

山田本一性情木讷，不善言谈，回答的仍是上次那句话：凭智慧战胜对手。这回记者在报纸上没再挖苦他，但对他所谓的"智慧"疑惑不解。

十年后，这个谜终于被解开了。他在他的自传中是这么说的：每次比赛之前，我都要乘车把比赛的线路仔细地看一遍，并把沿途比较醒目的标志画下来。比如第一个标志是银行，第二个标志是一棵大树，第三个标志是一座红房子……这样一直画到赛程的终点。比赛开始后，我就以百米的速度奋力地向第一个目标冲去，等到达第一个目标后，我又以同样的速度向第二个目标冲去。四十多公里的赛程就被我分解成这么几个小目标轻松地跑完了。起初，我并不懂这样的道理，我也曾把我的目标定在四十多公里外终点线的那面旗帜上，结果我跑到十几公里时就疲惫不堪了，我被前面那段遥远的路程给吓倒了。

在山田本一的自传中的这段话可以启发人们做成很多事情：比如你正在读一本法国作家普鲁斯特写的《追忆似水流年》，这部作者花了16年写成的七卷本巨著曾让很多人望而却步，它就像一座山一样横亘在那些人的眼前，而现在你就可以用山田本一的办法去把它踏平了。

01 思考

山田本一战胜对手的智慧给我们什么启发？

02 心得

在现实生活中，许多人做事之所以会半途而废，往往不是因为难度太大，

而是觉得成功离我们太远。确切地说，我们不是因为失败而放弃，而是因为倦怠而放弃。如果用智慧把原本遥不可及的成功变成一个个近在眼前的小成功，那么这一路上你会不断地有惊喜、有信心，更重要的是你会一直有动力去保持充沛的精力和良好的状态。

03 适用话题

智慧·远大的目标与一个个小成功

英国，"傻瓜式"的智慧

李大伟

瑞士盛产最精确的时间——钟表，但时间的中心却在英国——伦敦的格林尼治村；巴西、德国屡获足球冠军，但足球最初的规则却产生于英国；最繁荣的经济在美日德，但会计行业最权威的证书却属于英国。世界上通行且行之有效的标准往往产生于英国。古人云："不以规矩，不能成方圆。"英国人善于做规矩。

规矩能够实行，必须简单。英国的户外垃圾箱总是并列三个，箱体外没有文字说明，只有图案标识：一个是玻璃瓶，一个纸袋，一个屑屑粒粒的点。掷弃者一目了然，哪怕不识字的，都会知道

归类抛物，各得其所。在中国，垃圾箱上写着"有机""无机"的化学名词，表示出科技含量。一个垃圾箱何必那么学术化呢？这样标识的垃圾桶应该放在化学系、科技馆门口。

英国地铁开通于一百多年前，线路四通八达，密如蛛网。下了地铁，就陷入迷宫，但是别慌，哪怕不识英文的外国人都不会迷失方向。在地铁的墙上中腰线就是宽宽的色带导向线，色带正好与你眼睛平视，躲都躲不了，或红或绿或黄或蓝，一种颜色代表一条线路，与地铁入口处的免费地图上的线路色带是一样的。语言有国界，色彩无国界，跟着色带走，循着墙角转，谁都能找到月台。

在英国，哪怕是在伦敦，大多数道路都能泊车，哪怕是单行道，哪怕是窄路，收费泊车位的道旁都有收费器，没有收费人。车主交完费后，收费器会吐出凭证。你将凭证贴在车窗前，巡检者半小时一趟，远远一瞄，就知道谁没有交费，效率极高，难度极低。

01 **思考**

标题中的"智慧"为什么冠以"傻瓜式"的定语？

02 **心得**

让"傻瓜"也能明白的"傻瓜式"规则才是聪明人的杰作，才是智慧；让外行人能够一目了然的规则才是行之有效的规则。英国傻瓜式的规则简单而有效，便于民众的执行与监督，值得借鉴。

03 **适用话题**

傻瓜与智慧·简单有效

我的儿子今天开始上学，请温柔相待

佚名

亲爱的世界：

我的儿子今天开始上学。在一段时间内，他都会感到既陌生又新鲜。我希望你能对他温和一些。你知道，从他出生伊始，他至今都是家里的宠儿，后院真正的主人。我一直在他身边，为他料理伤口，给他感情上的慰藉。

而今，这一切都将发生变化。今天早晨，他将走下屋前的台阶，挥挥手，踏上他伟大的冒险征途，途中也许会有战争、悲剧和伤痛。

在这个世界中生存，他必然需要信念、爱心和勇气。

所以，世界，我希望你握住他稚嫩的手，教他必须知道的一些事情。教他——如果可能的话，请温柔点儿。

教他知道，世界上有一个恶棍，就有一个英雄；有一个奸诈的政客，就有一个富有奉献精神的领袖；有一个敌人，就有一个朋友。

教他感受书本的魅力，给他时间，去安静地思索自然界中永恒的神秘：空中的小鸟，阳光下的蜜蜂，青山上的花朵。

教他知道，失败比欺骗要光荣得多；要坚信自己的思想，哪怕别人都予以否认；可把自己的体力和脑力以最高价出售，但绝对不要出卖自己的灵魂；对暴徒的号叫置若罔闻，并且在认为自己是对的时候冲上去战斗。

用温柔的方式教导他，世界，但不要溺爱他，因为只有烈火才能炼出真钢。这是个很高的要求，世界，请你尽力而为。他是一个多么可爱的孩子。（选自《见字如面》）

01 思考

这位母亲表达了对孩子怎样的感情？

02 心得

这是一位美国母亲写给世界的一封信，作者据说叫安妮·斯通，但在这封信被广为引用的许多场合，都没有提到那位母亲的名字——不过，这显然并没有那么重要，因为它所表达的是所有人都会产生共鸣的母爱。看似是对世界的嘱托，实则是对孩子的牵挂。

无独有偶，中国台湾散文家张晓风也写过一封"给全世界的信"："世界啊，今天早晨，一个母亲向你交出她可爱的小男孩，而你们将还我一个怎样的呢？"

03 适用话题

母爱·牵挂·温柔

我害怕阅读的人

奥美广告

不知从何时开始，我害怕阅读的人。就像我们不知道冬天从哪天开始，只会感觉夜的黑越来越漫长。

我害怕阅读的人。一跟他们谈话，我就像一个透明的人，苍白的脑袋无法隐藏。我所拥有的内涵是什么？不就是人人能脱口而出，游荡在空气中最通俗的认知吗？像心脏在身体的左边，春天之后是夏天，美国总统是世界上最有权力的人。但阅读的人在知识里遨游，能从食谱论及管理学，八卦周刊讲到社会趋势，甚至空中跃下的猫都能让他们对建筑防震理论侃侃而谈。相较之下，我只是一台在MP3时代的录音机：过气、无法调整。我最引以为傲的论述恐怕只是他多年前书架上某本书里的某段文字，而且，还是不被荧光笔画线注记的那一段。

我害怕阅读的人。当他们阅读时，脸就藏匿在书后面。书一放下，就以贵族王者的形象在我面前闪耀，举手投足都是自在风采。让我明了，阅读不只是知识，更是魔力。他们是懂美学的牛顿、懂人类学的梵高，懂孙子兵法的甘地。血液里充满答案，越来越少的问题能让他们恐惧。仿佛站在巨人的肩膀上，习惯俯视一切。那自信、从容，是这世上最好看的一张脸。

我害怕阅读的人，因为他们很幸运。当众人拥抱孤独或被寂寞拥抱时，他们的生命却毫不封闭，不缺乏朋友的忠实，不缺少安慰者的温柔，甚至连互相较劲的对手都不致匮乏。他们一翻开书，有时会因心有灵犀而大声赞叹，有时又会因立场不同而陷入激辩，有时会获得劝导或慰藉。这一切毫无保留，又不带条件，是带亲情的爱情，是热恋中的友谊。一本一本的书，就像一节节的脊椎，稳稳地支持着阅读的人。你看，书一打开，就成为一个拥抱的姿势。这一切，不正是我们毕生苦苦找寻的？

我害怕阅读的人，他们总是不知足。有人说，女人学会了阅读，世界上才冒出妇女问题，也因为她们开始有了问题，女人更加读书。就连爱因斯坦这个世界上智者中的最聪明者，临终前都说："我看我自己，就像一个在海边玩耍的孩子找到一块光滑的小石头，就觉得开心。后来我才知道自己面对的，还有一片真理的大海，那没有尽头。"读书人总是低头看书，忙着浇灌自己的饥渴，他们让自己是敞开的桶子，随时准备装入更多、更多、更多。而我呢？手中抓住小石头，只为了无聊地打水漂而已。

我害怕阅读的人。我祈祷他们永远不知道我的不安，免得他们会更轻易击垮我，甚至连打败我的意愿都没有。我如此害怕阅读的人，因为他们的榜样是伟人，就算做不到，退一步也还是一个我远不及的成功者。我害怕阅读的人，他们知道"无知"在小孩身上才可爱，而我已经是一个成年的人。我害怕阅读的人，因为大家都喜欢有智慧的人。我害怕阅读的人，他们能避免我要经历的失败。我害怕阅读的人，他们懂得生命太短，人总是聪明得太迟。我害怕阅读的人，他们的一小时，就是我的一生。

我害怕阅读的人，尤其是，还在阅读的人。

---

01 思考

本文与那些宣传阅读的价值的文章有何不同？

02 心得

与以前推广阅读的设计迥异，这篇文案所宣扬的并非阅读的价值，而是不阅读的恐惧。看似"害怕"，实为敬佩。它在鼓励、影响更多的人成为阅读的人。

本文在推广阅读，而读

它也是美好的阅读体验。

---

03 适用话题

坚持阅读·角度转换·阅读体验

别怕，我们都爱你

觅追

弟弟或妹妹：

　　你要知道，知道你的存在后，我的感觉很复杂。一是我大你18岁，跨越六个代沟，加之你很有可能是处女座，我们的相处极有可能存在很大的摩擦。二是你姐姐我，在家里作威作福惯了，我是全家人的小太阳、小心肝，独生子女的恶习我几乎占全了，因你的到来，姐姐我的宠爱有损。庆幸的是，老妈单位上有给员工未成年独生子女发钱的习惯，我把钱都拿到手了，而你现在才出生，我很欣慰。

　　当知道你存在的时候，全家就我一人持反对票。别怨我，姐只是害怕，而且说不出自己怕什么。当老妈把B超的单子摆在我面前，当我看见检验单上那个小小的肉团团，当我看着老妈鼓着的肚皮，我想，你已作为一个生命存在了。你是我的亲人，我怎么能想着劝说老妈抹杀一个生命、抹杀我的亲人呢？说不定你正在那儿咕咚咕咚地跳动着，笑着，并迫不及待来世界看看呢。

　　我们的老妈现在41岁，但是有着十几岁的心，二十几岁的品位，三十几岁的容貌。你若是女孩，那你就直接拥有了第一个闺蜜。不过她不知道什么叫"隐私"。即便你跟她讨论"隐私"这个问题，她肯定会用"担心你"来搪塞你，甚至最后拿出长辈的身份压制你。这是中国家长的通病，所以你不要把日记本放在显眼处，QQ密码不要让她知道，手机、电脑也记得设置密码，不会可以请教我。我们的爸爸脾气暴躁冲动。但是，老爸很顾家，他作为优秀的中国社会大学毕业的成功商人，身边朋友多有包二奶、养小三的情况，老爸就是那出淤泥而不染的白莲花。近期我们家发生了一件大事，那就是老爸的弟弟、我们的小叔，找了一个只比我大三岁的小三，小叔却只比老爸小一岁，家里闹得翻天覆地。你隔着肚皮看这个世界，会认为这个世界很美，你满怀着希望地来，我也希望你满怀希望地生活。顾城说过，黑夜给了我们黑色的眼睛，我们用它来寻找光明。

家里有很多书，希望你以后翻看这些书的时候，想想我并心存感激：这都是你亲爱的美丽的姐姐用自己的零花钱做的贡献。要爱惜它们，不然我会背着爸妈欺负你，无论你多大，无论我多大。你会从书里看尽别人一生的故事，也在精神上走好几生的路，才不至于因年轻阅历太浅活得太傻太蠢太不自知，并善待生命的欢乐与幸福。

你知道么？爸爸因为你变得特别温柔，妈妈也在静待你的降临。还有我，你唯一的姐姐，甚至已经开始争夺为你取名的权利。来吧，别怕，我们都爱你。

这个世界是美丽与丑陋并存的，我希望你时不时站立，仰望头顶这灿烂星空，然后在你的路上，欣赏着美景，慢慢儿地走。

---

01 思考

我们怎样面对将会降临的小弟弟或小妹妹？

---

02 心得

不管老大愿意不愿意，也不管老大是否作好准备，在爸爸妈妈殷切的期盼中，"二胎"势不可当地来了。于是不可避免地，很多"老大"觉得委屈：独自称王称霸享尽大人的宠爱，被

当作"心尖尖"宝贝了多少年，突然就要冒出来一个与自己争夺宠爱的人，怎能欣然接受？可新生命的萌动，亲情的引力，或许又是自身的成长，竟然使自己不知不觉深爱上了那个小家伙。这就是姐妹，就是兄弟。

03 **适用话题**

爱弟弟或妹妹·亲情

曼德拉的顿悟

鲁先圣

南非的民主斗士曼德拉因为领导人们反对白人种族隔离政策而入狱。白人统治者把他关在一个荒凉的大西洋小岛——罗本岛上 27 年。

罗本岛位于开普敦西北方向七英里的桌湾。岛上布满岩石，到处都是海豹和蛇及其他动物。曼德拉被关在总集中营一个"锌皮房"里，他每天早晨排队到采石场，然后被解开脚镣，下到一个很大的石灰石田地，用尖镐和铁锹挖掘石灰石；有时从冰冷的海水里捞取海带。因为曼德拉是要犯，专门看押他的看守就有三人。当 1991 年曼德拉出狱当选总统以后，他在总统就职典礼上的举动震惊了世界。

总统就职仪式开始了，曼德拉起身致辞欢迎他的来宾。在介绍了来自世界各国的政要后，他说令他最高兴的是当初看守他的三名前狱方人员也能到场。他邀请他们站起身，以便他能介绍给大家。曼德拉博大的胸襟和宽宏的精神让南非那些残酷虐待了他 27 年的白人汗颜，也让所有到场的人肃然起敬。看着年迈的曼德拉缓缓站起身来，恭敬地向三个曾关押他的看守致敬，在场的所有来宾以至整个世界都静下来了。

曼德拉后来向朋友们解释说，自己年轻时性子很急，脾气暴躁，正是在狱中学会了控制情绪才活了下来。他的牢狱岁月给了他时间与激励，使他学会了如何处理自己遭遇的痛苦。他说，感恩与宽容经常是源自痛苦与磨难的，必须以极大的毅力来训练。曼德拉说起获释出狱当天的心情："当我走出囚室，迈过通往自由的监狱大门时，我已经清楚，自己若不能把悲痛与怨恨抛在身后，那么我其实仍在狱中。"

01 思考

为什么曼德拉说"自己若不能把悲痛与怨恨抛在身后，那么我其实仍在狱中"？

02 心得

如果出狱后不能忘记悲痛与怨恨，那么仍然会是烦恼缠身，充满痛苦，与在狱中别无二致。浪漫主义作家雨果说过："世界上最宽阔的是海洋，比海洋更宽阔的是天空，比天空更宽阔的是人的心灵。"曼德拉博大的胸襟和宽宏的精神让所有人肃然起敬。他把牢狱的经历看作一种历练，把虐待他的看守看作自己的恩人、贵客，能用一颗宽容的心去对待伤害过你的人，这是勇敢的、更是伟大的人。

03 适用话题

博大的胸怀·宽容·化干戈为玉帛

耻辱戒指

苏北

在加拿大科技界，常常可以看到在一些专家学者左手无名指上戴着一枚式样相同的钢制戒指。原来，凡佩戴这种戒指的人都是著名的加拿大工学院毕业生。这所学院誉满全国，在国际上也有相当威望，可是在该校历史上曾出现一件使该校名誉扫地的事情：一次，加拿大政府将一座大型桥梁的设计工作交给一名毕业于该校的工程师。由于设计失误，桥梁在交付使用后不久就坍塌了，政府及地方都蒙受了重大损失。为了牢记这个惨痛教训，加拿大工学院不惜巨资买下建造这座桥梁的所有钢材，加工成戒指，号称"耻辱戒指"。从此，每届学生在毕业领取文凭时，都要领取一枚这样的戒指。长期以来，加拿大工学院的毕业生们牢记"耻辱戒指"的教训，对工作一丝不苟、兢兢业业，取得了许多成就。虽然这枚钢戒指仍然戴在所有加拿大工学院毕业生手上，但"耻辱"已除，他们中许多人都为学校争得了荣誉。

01 思考

为什么加拿大工学院的学生都要戴"耻辱戒指"？

02 心得

戴"耻辱戒指"是为了牢记教训，要有羞耻之心。一个人有了羞耻之心，在受到他人或社会的批评和指责时，就会感到羞耻，从而改过自新，自觉按照社会的要求去履行义务，不做有耻于自己人格的事情。加拿大工学院的师生以耻辱警示自己，催人奋进。

03 适用话题
牢记教训·羞耻之心·警示自己

《甲午风云》巅峰艺术家的生离死别

谢友郸

饭桌上说起辽艺著名表演艺术家王秋颖之死。

王秋颖和李默然联袂演出诸多，公认他们合作的艺术巅峰是《甲午风云》。王秋颖饰李鸿章，李默然饰邓世昌。其中有一段戏，李鸿章与英、法等国的人在大堂内谈判，他们出言不逊。在外面二堂等候的邓世昌听见了，将茶盅重重一磕，愤愤道："一派胡言！"里面的外国人被惊动了，李鸿章也被惊动了。李鸿章喝问——

暂且打住。

1986 年，王秋颖患肝癌住院，最后时刻，他提出一个愿望，想见李默然一面。儿子小颖给在南方拍戏的李默然拍了封急电。李默然中断工作，乘飞机赶回沈阳，直接去了医院。

王秋颖的剧痛刚被止住，正昏迷着。守在外面的医生、护士不准李默然进去。李默然央求、争辩，急得团团转，双方争执不下。在少年时做过小贩、杂役、卖烟卷且时常去戏院蹭戏看的李默然，嗓门职业性地高起来。就在这时，病房里的王秋颖突然喝问：

"谁在二堂喧哗？"

李默然分开医生、护士，推开病房门，应声而入，做了个将马蹄袖左右拂扫的动作，抢步上前，单腿打千，低头道：

"回大人，是标下邓世昌，拜见中堂大人！"

弥留之际的王秋颖拉住李默然的手，两人泪流不止！之后，王秋颖溘然去世。

饭桌上一片肃然。鬼斧神工的艺术竟能使人这样生离死别！我、我们低下头，洒泪唏嘘，无话可说，艺术圣境通鬼神。

---

01 思考

巅峰艺术家的情感原来可以这样演绎。对此，你有何感受？

02 心得

一个真正的艺术家，不光有舞台上的辉煌，在人生中他精湛的技艺也应该熠熠闪光。面对弥留之际的老艺术家王秋颖，李默然用鬼斧神工的艺术再现把王秋颖的艺术人生延续到了最后，两位艺术家戏里戏外的情意恰恰印证了"艺术即人生"。

03 适用话题

艺术即人生·舞台辉煌·人生闪光

贝多芬的吻

安多尔·福尔德斯

1985年9月，我在西德萨尔布吕肯市给一批年轻的钢琴家上主课时发现，如果我在某个学生的背上轻轻拍一下，他就会表现得更为出色。然后，我在全班同学面前对他杰出的演奏予以赞扬，使他自己以及全班学生大为惊奇的是，他马上超越了自己的原有水平。

我记得第一次的表扬使我感到如何得幸福和骄傲！我当时七岁，我的父亲要我帮忙在花园里干些活。我竭尽全力卖力地干活，得到了最丰厚的报酬。当时他亲了我一下说："谢谢你，儿子。你干得很好。"六十多年后，他的话仍然在我耳边回响。

16 岁时，由于与我的音乐教师发生分歧，我处于某种危机之中。后来一个著名的钢琴家艾米尔·冯·萨尔——李斯特的最后一个活着的弟子来到布达佩斯，要求我为他演奏。他专心地听我弹了巴赫的 C 大调"Toccata"，并要求听更多的曲子。我把自己的全副身心都投入弹奏贝多芬的"Pathetique"奏鸣曲以及其后舒曼的"Papillons"。最后，冯·萨尔起身在我的前额上吻了一下："我的孩子，"他说，"在你这么大时，我成了李斯特的学生。在我的第一堂课后他在我前额上亲了一下，说：'好好照料这一吻——它来自贝多芬。'他在听了我演奏后给我的。我已经等了多年，准备传下这一神圣的遗产，而现在我感到你当受得起。"

在我的一生中没有别的什么可以比得上冯·萨尔的赞扬。贝多芬的吻神奇地把我从危机中解脱出来，帮助我成为今天这样的钢琴家。不久将轮到我把它传给最值得领受这份遗产的人。

赞扬是一股强劲的力量，是黑暗屋子里的蜡烛。它是一种魔术，我对它的神奇作用总是感到诧异不已。

---

01 思考

贝多芬之吻为什么那样神奇？

02 心得

乐圣贝多芬的一个吻，一代一代传下来，具有一

种仪式的庄严，是师徒亲传的物证，更是薪火相传的神迹。教育，最基本的是知识的传递，最动人的则是人格的传承。

03 适用话题

神奇的赞扬·薪火相传·人格的传承

屠呦呦与青蒿

佚名

在诺贝尔颁奖典礼上，屠呦呦，这位既没有留学经历，又没有博士身份，更没有两院院士耀眼光环的中国老太太容光焕发、笑容满面地站在领奖台上，浑身散发出知识的魅力。

"呦呦鹿鸣，食野之苹"，《诗经·小雅》的名句寄托了屠呦呦父母对她的美好期待。冥冥之中的安排，屠呦呦的人生注定要与这棵神奇的小草连在一起。作为一名药学专业学生，屠呦呦考入北大医学院时就和植物类天然药物的研发应用结下不解之缘。

从 1955 年进入中医研究院（现为中国中医科学院）以来，她几十年如一日埋首于深爱的事业，用一份份漂亮的成绩单回馈着社会。

据世卫组织 2009 年的统计数据，世界上约有 2.5 亿人感染疟疾，将近 100 万人因感染疟原虫而死亡。如果没有屠呦呦发现的青蒿素，那么 2.5 亿疟疾感染者中将有更多的人无法幸存下来。

屠呦呦说，自己只是一个普通的植物化学研究人员，但作为一个在中国医药学宝库中有所发现，并为国际科学界所认可的中国科学家，她为获奖感到自豪。"在我的童年，我目睹了民间中医配方治病救人的场景。然而，我从没有想到我的一生会和这些神奇的草药关系如此紧密。也没有想到，今天我会在这伟大的时刻接受国际科学界对我工作的高度评价。"

是屠呦呦推开了青蒿素的一道"门缝"，其他人合力打开了这扇"门"。屠呦呦表示，这个荣誉不仅仅属于她个人，也属于中国科学家群体。"发现青蒿素是传统中医对人类的礼物。毫无疑问，不断探索和发展传统医药，将会给世界带来更多的药物。我主张中医和其他传统医学展开一项全球合作研究，最大限度地造福人类。"

01 思考

有人说，屠呦呦就像朴实无华的青蒿。请谈一谈你的看法。

02 心得

青蒿，我国南北方都很常见的一种植物。它们郁郁葱葱地长在山野里，外表朴实无华，却内蕴治病救人的魔力。正如青蒿一样的科学追梦人，大爱在左，奉献在右，随时播种，随时开花，将生命长途点缀得花香弥漫，绿意盎然，让不同地域、种族的人一起吮吸现代科技的芬芳。

03 适用话题

造福人类·奉献·朴实无华

毁灭前的悲壮

赵晓根

1967 年 8 月 23 日，苏联宇航员弗拉迪米·科马洛夫驾驶联盟一号宇宙飞船在完成太空飞行任务之后胜利返航……不料，当宇宙飞船返回大气层后，突然发生了恶性事件：减速降落伞无法打开，飞船在两个小时以后将要坠毁。

面对巨变，地面指挥中心马上向中央报告。中央领导研究后，出乎意料地决定：向全国直播实况。最著名的播音员以沉重的语调宣布：宇宙飞船发生故障，两小时后将在着陆基地附近坠毁，我们将目睹民族英雄科马洛夫殉难。

举国上下都被震撼了，沉浸在巨大的悲痛之中。

科马洛夫心情也很沉重，但他还是控制住自己，要求先向地面汇报此次飞船探险的情况。汇报用了 70 分钟。在科马洛夫生命消失的分分秒秒中，全国电视观众只能通过屏幕看到科马洛夫无声的形象（因保密而关闭了声音传递），人们的紧张情绪已经超过了当年听到希特勒进攻苏联的程度。而科马洛夫却目光泰然，就像在办公室里正常工作一样，神态是那么从容……

全国电视观众也看到了科马洛夫的母亲。白发苍苍的老母亲心如刀绞："儿子，我的儿子，你……"她不知和儿子说什么好。科马洛夫脸上露出笑容："妈妈，您的图像我在这里看得很清楚，每一根白发都能看清，您能看清我吗？""能，看得很清。儿啊，妈妈一切都好，你放心吧！"

科马洛夫的妻子也泪如雨下。科马洛夫给妻子送去一个调皮而又深情的飞吻。妻子说："亲爱的，我好想你！"就再也说不出话来。

科马洛夫也很激动，他拿出一支金笔对妻子说："亲爱的，这支金笔随我飞入太空，我用宇航服把它包好，一会儿的大爆炸不会对它造成损伤，请你把它转赠给你未来的丈夫。我想我不会下地狱，我会在天堂里祝福你们。"面对此情此景，屏幕前的人全部落泪了。科马洛夫的女儿也出现在屏幕上，她只有12岁。看到女儿，科马洛夫的眼睛里骤然飘过一层阴云："女儿，不要哭！""我不哭……"孩子已是泣不成声了，"爸爸，您是苏联英雄。我想告诉您，英雄的女儿是会像英雄那样生活的！"

"你真好！"科马洛夫仿佛也是对全国的小朋友说："可是我要告诉你，也告诉全国的小朋友，请你们学习时认真对待每一个小数点，每一个标点符号。联盟一号今天发生的一切，就是因为地面检查时忽视了一个小数点，这场悲剧，也可以叫作对一个小数点疏忽的悲剧。同学们，记住了……"

时间一分一秒地过去，只剩下一分钟了。科马洛夫毅然和女儿挥了挥手，面向全国的电视观众："同胞们，请允许我在这茫茫的太空中与你们告别……"

飞船像流星一样掠过长空……

01 思考

在飞船即将爆炸时，科马洛夫如何面对死亡？

02 心得

何等悲壮的一幕，何等豪迈的情怀！死亡也许是人最恐惧的事情。而科马洛夫在飞船即将爆炸时，丝毫不见悲伤，不见痛苦。他关心母亲的身体，关心妻子的未来，关心女儿的学习，更关心科学的发展。多么令人敬仰！

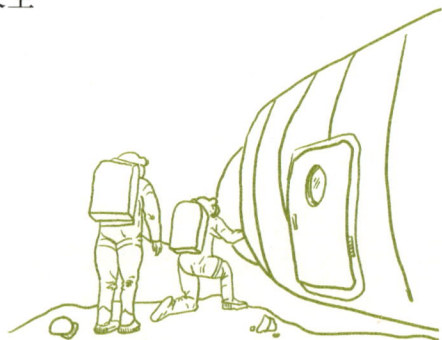

03 适用话题

悲壮·豪迈的情怀·关注细节

还一本74年前借的书

唐宝民

西弗森是美国加州一名95岁的老妇人。2010年12月的一天，她在家清理房间，翻开一叠纸的时候，发现一本名叫《水上飞机独自飞》的书。原来这是加州阿马尔县图书馆的藏书，这是她去世多年的丈夫1936年借的，现在已逾期74年！

老妇人知道，如果现在将这本书归还图书馆，她就将支付高达两千多美元的罚金；当然，如果她选择不归还，那么也不会有人找到她头上。但她没有那么做，她想到的是自己应该为丈夫的错误承担起责任来，于是她决定归还这本书并交纳罚金。

第二天，她带着那本书来到阿马尔县图书馆，接待她的是图书馆的管理员劳拉。她向劳拉出示了这本书，代替已故丈夫向图书馆表达了歉意，并表示愿意接受图书馆的处罚。

三天后，西弗森接到了图书馆方面的书面通知，通知上说，根据图书馆的规定，这本超期未还的书应处以2 701美元的罚金，所以请她到图书馆交纳罚金，接受处罚。西弗森没有任何异议，带上钱款来到图书馆，在处罚决定书上签了字，把2 701美元罚金交给了图书馆。当她交完钱要离开的时候，劳拉又向她宣读了一个书面决定：鉴于西弗森主动归还图书的真诚令人感动，所以图书馆方面决定奖励她2 701美元，以示对她这种精神的表彰。

---

01 思考

为什么不直接免除她的2 701美元罚款，而要先罚后奖呢？结果不是一样吗？

02 心得

罚款是按规章制度办事，谁也不能逃避法律法规的制裁，谁也没有权力改变法律法规，所以这笔罚款她必须交，但作为图书馆方面，有权对优秀读者进行奖励。罚款和奖励是两回事，不能混为一谈。她得到的 2 701 美元奖金和她先前所交的 2 701 美元罚款没有任何关系，两者不是一回事。

法律与道德的区别在于前者具有强制性而后者强调自觉性，但美德同样需要法律的保障和嘉奖才能得以存续。

03 **适用话题**

法律与道德·罚款与奖励·强制与自觉

最美的天籁

田野

2008 年 10 月 12 日的晚上，北京展览馆剧场内人头攒动、座无虚席，一场人们期待已久的个人演唱会终于在优美的钢琴声中拉开了序幕。当演唱会的主角——加拿大爵士女歌手戴安娜·克瑞尔出现在舞台中央时，剧场内顿时响起了雷鸣般的掌声。

喜欢自弹自唱的戴安娜·克瑞尔是当代乐坛数一数二的爵士女歌手，曾经两度获得"格莱美"奖杯，有"爵士女神"之称。而这一次，是戴安娜第一次在北京举办个人演唱会。喜爱她的歌迷们早早地就来到剧场，找到各自的位置坐好，期盼着一睹戴安娜无与伦比的风采。

果然，戴安娜不负众望，当她的指尖触及琴键时，天鹅绒般的琴音顿时让整个剧场安静下来，所有人都凝神静听，当她的嗓子倾吐出那一串串美妙的音符时，立即俘获了所有现场观众的心。戴安娜精湛、投入的表演令观众深深地陶醉了，剧场内洋溢着一派欢乐而和谐的氛围。

然而，意外出现了。当令人如醉如痴的演出进行到一首曲目刚刚结束时，安静的剧场内突然响起一个小孩子的哭闹声。在观众凝神静听之际，这尖厉、响亮的哭声显得尤为刺耳，可以说几乎扰乱了所有人的心情。观众席上有人开始小声地议论："谁这么没有素质？怎么把小孩子带到音乐会上来了？"也有人不无紧张地担心着，舞台上的戴安娜是否生气、发火，将孩子和家长请出场外？有人甚至担心这个素来讲求演出质量的女歌手会拂袖而去，或者罢演，让前来听歌的观众扫兴而归。

听到孩子的哭闹声，舞台上的戴安娜也不禁愣了一下神儿。不过，她很快便露出了微笑，一边用眼睛寻找着孩子的位置，一边怜惜地念叨着："哦，宝贝别哭，是不是演出时间太晚，吵到你睡觉了？"戴安娜亲切、幽默的话语让现场气氛一下子轻松了很多。更令人们惊讶的是，随后，戴安娜竟然即兴弹奏出舒伯特的《摇篮曲》，并跟着轻声哼唱起来，顿时，悠扬、舒缓的旋律如行云流水般缭绕在剧场上空。神奇的是，随着戴安娜的演奏，那个小孩子的哭声也逐渐平息下来……

01 **思考**

戴安娜为什么能化解尴尬，并把可能出现的不愉快变成幽默和爱？

02 心得

那一晚，戴安娜用自己的卓越才艺为现场的人们提供了一场视觉和听觉的盛宴，更为珍贵的是，她用歌声与微笑告诉人们：

世间最美妙的天籁不是从嗓子里发出来的，而是一个人发自内心的宽容与爱。

03 适用话题

亲切·幽默·宽容·爱

请总理跳舞的女孩

吉保祥

1980 年年初，墨尔本大学接到了总理弗雷泽将视察校园的通知，全校师生都开始精心作准备。她和六位同学作为学生代表被允许在总理的演讲会上提问。为此，她提前做了很多功课，翻阅了大量资料，列了上百个问题，希望到时能有出色表现。

不过，那一天，总理因公务推迟了到校时间。在做完演讲后，他临时取消了学生提问环节。当听到演讲会就此结束时，她和同学们都很失落。

这时，一边的礼堂传来了音乐声，校园汇报演出马上就要开始了。她闷闷不乐地来到礼堂。突然，她远远看见总理斜坐在前排，跟着节拍点着头。瞬间她想起什么，径直走到总理跟前，优雅地说："总理先生，我想请您跳支舞献给同学们，可以吗？"

总理猝不及防，愣了愣，还是高兴地接受了。全场的人都不知道发生了什么，直到总理示意更换一首舒缓的乐曲，然后绅士般挽起她的手，全场这才爆发出雷鸣般的掌声。在大家的注视下，她和总理翩然起舞，并借机提了六个问题，总理都作了回答。出于礼仪，总理在舞蹈结束后轻吻了她的面颊，有记者拍下这个镜头，发表在报纸上。

一时间，人们都认识了这个敢想敢为的女孩。她就是茱莉亚·艾琳·吉拉德，30年后当选为澳大利亚史上首位女总理。

01 思考

我们可以向茱莉亚学习什么？

02 心得

在通往既定目标的路上，很可能会有诸多的变故，请千万不要轻易放弃，要开动脑筋勇敢地应对变故，学会变通，寻找时机，换一种方式或许会收获更多的回报。

03 适用话题

应变能力·不放弃·转换方式

美国顶尖贵族：圣保罗学校低调的富家子弟们

佚名

作为美国顶尖的"贵族"学校，圣保罗学校可以说囊括了这个世界上最有钱有势的一些子弟。这里的"势"可不是厅局级干部，而是一个国家的政要；这里的"富"也不是一般的生意人，而是能左右一个国家乃至世界经济的人物。

在圣保罗，俄罗斯石油大亨的孩子对人总是报以微笑；华尔街投行 CEO 的孩子 PSAT（学术能力评估测试预考）照样考 99%；东南亚亿万富翁的孩子为了得 A 每次考试前都苦读四个小时；日本前三大家族的孩子都安静地过着自己的日子……

在圣保罗，我一次也没有听到学校里的任何一个学生炫耀自己的家境，也没见到过 LV，更听不到彼此攀比的高谈阔论。低调不是装出来的，而是自然而然的一种生活态度。相反，炫耀在这所学校里并没什么市场。

更令我感到震动的是，这些富二代不仅家境殷实，而且努力、向上、节俭。甚至可以说，他们的勤奋程度超过了很多家境一般的孩子。

在 Concord 这个简单的镇上，孩子们点七美元的比萨要 AA 制，坐十美元的出租车要 AA 制，吃一顿不到 50 美元的日本料理也要 AA 制。AA 制代表的是一种平等、独立的精神，远胜那几张钞票。

无论多有钱，大家脚上都是那双简单的人字拖，不是土豪金的，也不是镶钻的。无论多有钱，大家都去网站上下载免费音乐。无论多有钱，大家都在这个学校里自己过着自己的生活。

我们老是开玩笑：有些来圣保罗学校探望孩子的家长们管理着数以千亿计的财富，开的车却还不如一个中国普通家庭的车。我见过几个校董，来学校没有带着名牌行李箱，反倒开完会带着壁球拍去锻炼身体。他们的言行传递出的信息是：开的车不重要，穿戴不重要，身心健康最重要。这才是真正的贵族！

01 思考

为什么说圣保罗学校的富家子弟是真正的贵族？

02 心得

圣保罗学校的这些孩子们有着让世人钦羡的优越家境，但更让人为之赞叹的是，这些孩子自身所具备的优秀品质——努力、向上、节俭、低调。他们的谦和与勤奋，让其成为

优雅的天之骄子。这才是真正的贵族！有修养，有底蕴。做人要修好自己的内心，不管外部环境如何，"心富"才为贵！

03 **适用话题**

真正的贵族·修养·底蕴·身心健康

再富也要"穷"孩子

李北兰

澳大利亚属发达国家，人民生活较为富裕。然而，富裕的澳大利亚人却信奉"再富也要'穷'孩子"。他们的理由是，娇惯了的孩子缺乏自制力和独立生活的能力，长大后难免吃大亏。

"孩子应当比大人少穿一件衣服。"这是一位澳大利亚邻居见我把孩子包裹得像一个"棉花团"时所说的话。事实的确如此，即使在最冷的冬天，也很少见哪位家长会给孩子穿棉衣或者防寒服，最多是在"短打扮"外面罩上一套绒衣，便无事一般行进在寒风之中。而一等太阳出来，便又将绒衣除去，只穿短衣、短裤、短裙。在我们公寓附近有一所体操学校，每日傍晚训练结束时，常见家长陪着光头、赤脚、只穿背心短裤的孩子从学校里出来，尽管寒气袭人，但很少见家长大惊小怪，为孩子拎鞋、戴帽、披衣。澳大利亚的冬天虽然不是很冷，但早晚温差较大，气温常在十摄氏度以下，以我们亚裔人的眼光来看，孩子"短打扮"实在是穿得太少了。

　　澳大利亚人酷爱勇敢者的运动——冲浪，无论是炎夏还是寒冬。下海冲浪的过程中，呛水的现象时有发生，但父母最多也只是为其拍拍背，便鼓励孩子再次下海搏击风浪。某日到海滩散步，在远处看见一个孩子冲浪回旋时摔了跟头，我便情不自禁地大喊起来："救人！"而正在近处的孩子的父母却不慌不忙："那是浅水，淹不死人……等他自己爬起来！"

　　至于说到吃，不能不承认有故意"穷"孩子的成分。澳大利亚的中学和小学中午不放学，午餐可以在学校餐厅购买（也只有汉堡之类的粗糙食物出售），也可以自带。但自带的占了大多数，一般是一瓶可乐再加一个汉堡包和一个水果。孩子们出外旅游，如需就餐也不过是光顾便宜又实惠的"麦当劳"。如果仅从孩子们所带的食物上判断，任你怎样也判断不出其家贫还是家富。

　　其实，澳大利亚人对"再富也要'穷'孩子"并非像日本人那样刻意为之。用他们的话来说，不过就是"为未来着想"——孩子们长大了早晚要离开父母去自闯一片天地，与其让他们那时面对挫折惶惑无助，还不如让他们从小摔摔打打，"穷"出直面人生的能力和本事……面对这并不算太新鲜的观念，我不禁陷入深深的思考……

01 思考

本文主张"再富也要'穷'孩子",请你点评一下。

02 心得

如何教育孩子，给孩子营造怎样的生活环境才有利于孩子的成长？这历来就是一个极为普遍、极为广泛的话题。本文作者以一位母亲的身份，以自己在一个富有的国家——澳大利亚的所见、所闻、所思，提出了"再富也要'穷'孩子"的主张。但当今社会，很多父母不但不实行"富门寒教"，反倒在实施"寒门富教"。不是吗？自己节衣缩食，而对孩子百般依宠，让孩子养尊处优。结果又怎样呢？

03 适用话题

富门寒教·自制力·独立生活

墙上的咖啡

王惠云

一日，我和朋友在洛杉矶威尼斯海滩一家有名的咖啡厅闲坐，品着咖啡。这时进来一个人，在我们旁边那张桌子旁坐下。

他叫来服务生说："两杯咖啡，一杯贴墙上。"他点咖啡的方式令人感到惊奇，我们注意到只有一杯咖啡被端了上来，但他却付了两杯的钱。他刚走，服务生就把一张纸贴在墙上，上面写着"一杯咖啡"。

这时，又进来两个人，点了三杯咖啡，两杯放在桌子上，一杯贴墙上。他们喝了两杯，付了三杯的钱，然后离开了。服务生又像刚才那样在墙上贴了张纸，上面写着"一杯咖啡"。

似乎这种方式是这里的常规，却令我们感到新奇和不解。

几天后，我们又有机会去这家咖啡店。当我们正在享受咖啡时，进来一个人。来者的衣着与这家咖啡店的档次和氛围都极不协调，一看就是个穷人。他坐下来，看看墙上，然后说："墙上的一杯咖啡。"服务生以惯有的姿态恭敬地给他端上咖啡。

那人喝完咖啡没结账就走了。我们惊奇地看着这一切，只见服务生从墙上揭下一张纸，扔进了纸篓。此时，真相大白，当地居民对穷人的尊重让我们感动。

咖啡并不是生活的必需品，但需要指出的是，当我们享受任何美好的东西时，也许我们都应该想到别人。有些人也喜欢这样的东西，却无力支付。

再说说那位服务生，他在为那个穷人服务时一直面带笑容。而那位穷人，他进来时无须不顾尊严讨要一杯咖啡，他只需看墙上。

我记住了那面墙，它反映了小镇居民的慷慨和对别人的关爱。

---

01 思考

社会需要施予者的善举，但不能伤害接受者的尊严。"墙上的咖啡"是怎样使生活的味道更加芳香的？

---

02 心得

那些贴在墙上的"一杯咖啡"简直就像星星一般美丽！施予成为习惯，没有歧视，没有嫌弃。相信穷人朋友会格外珍惜品咖啡的机会，而施予者们的善举使生活的味道更加芳香。

---

03 适用话题

善举与尊严·慷慨·关爱

钱的极点

毕淑敏

现在无论同谁聊天，无论从哪说起，都会很快谈到钱。钱成了当今社会的极点。

钱给人的好处是太多了，而且有许多人由于钱不多而享受不到钱的好处。人对于得不到的东西就需要想象，想象的规律一般是将真实的事物美化。比如说我们看到一位大眼睛戴口罩的女士，就会想她若摘了口罩，一定美丽动人。其实不然，口罩里很可能是一对龅牙齿，人家原是为了遮丑的。

我当过许多年的医生，虽是无钱之人，却凭医疗常识想象钱的功能是有限的，理由从人的生理结构而来。

钱能买来山珍海味，可再大的富豪也只有一个胃。一个胃的容积就那么大，至多装上两三斤食物，外加一罐扎啤，也就物满为患了。你要是愣往里揣，轻则是慢性胃炎，重了就是急性胃扩张。后者有生命危险呢，更不用说长期的膏粱厚味引起高胆固醇、糖尿病，等等。所以说那些因公而需长期大吃大喝的人得了肥胖症，真是要算"公"伤的。

钱能买来绫罗绸缎，可再娇美的妇人也只有一副身段，一次只能向世人展现套在身体最外层的那套衣服。穿得太多了，就会捂出痱子。要是一天老换衣服，穿新衣服就变成了工作，就是时装模特，和有钱人的初衷不符了。

人和动物在结构上实在是大同小异，从翩飞的蝴蝶到一只最小的蚂蚁，都有腹腔和眼睛。人和动物最大的区别就在于思想，而恰恰在这一面钢铁盾牌面前，金钱折断了蜡做的枪头。

比如理想，比如爱情，比如自由……都是金钱的盲点。它们可以因了金钱而卖出，却不会因了金钱而被买进。金钱只是单向的低矮的闸门，永远无法积聚起情感的洪峰。

造物给予人的躯体是有限的，作为补偿，造物给人以无限的精神。人的躯体的每一个细微之处都是很容易满足的。你主观上想不满足，造物也不允许你。造物以此来制约人对物质的欲望，鼓励思想的飞翔。于是人类在有了果腹的兽肉和蔽体的树叶之后，就开始创造语言、绘画和音乐……积蓄了一代又一代的精华，于是我们有了文学，有了艺术，有了哲学的探讨和对宇宙的访问……那都是永无穷尽的奥妙啊！只要人类存在一天，就会上天入地呕心沥血地寻找与提炼。

我们现在是站在钱的极点上，但我们很快就会离开它。人们在新的一轮物质需要满足之后，回过头来仍然要皈依精神。

精神是人类最大的财富。在远没有金钱之前，人类就开始了精神的求索。人类最终也许将消灭金钱，但毫无疑问的是人类的精神永存。

---

01 **思考**

毕淑敏的这篇文章切入角度独特、新颖，请你作简要分析。

---

02 **心得**

毕淑敏作为一位医生出身的女作家，从人的生理结构入手，深刻地剖析了金钱与人类自身需要的关系，其角度堪称独特新颖。读罢全文，自然会对金钱的本质和人的追求有更清

醒、更透彻的理性认识。

---

03 **适用话题**

独特新颖·金钱·精神

下水道里见良心

云淡风轻

有人说衡量一个城市发达程度的标准，来场暴雨就可以了。水上威尼斯，人家那漂着的是浪漫；我们这里漂着的，除了浪漫，什么都有。

城市建设者只重地表，却不往地下看，光鲜亮丽的高楼大厦下是老化纤细的排水管，对雨水消化不良，路面的垃圾又堵塞排水口，路面"喝"不进雨水，当然积水成涝了。一百五十多年前，雨果就说过：下水道是"城市的良心"。试问有几个城市的良心能经得起暴雨的考验？放眼望去，地上尽是新面貌，地下都是"心肌梗"。忍者神龟们要来中国的下水道，那就真是名副其实的"忍着"神龟了，不忍死也得憋死，不憋死也得臭死。

说起城市排水的文明史，得追溯至古罗马。2 500 年前建成的古罗马下水道到现在还管用。近代下水道的雏形则脱胎于法国巴黎。今天的巴黎下水道总长二千三百多公里，水道纵横交错，密如蛛网，管道通畅，论规模远超巴黎地铁，论干净程度可与巴黎街道媲美，像座地下宫殿。如今这巴黎下水道已经声名远扬，是世界上唯一可供参观的下水道博物馆。以后中国组团考察去法国就别奔什么香榭丽舍大道了，直接奔下水道。

与法国相比，咱们现在不差钱，也不差技术，差的其实就是责任心和细节。一百多年前，德国人占领青岛。17 年的侵略，劣迹斑斑，却也留下了一套百年后依然在发挥作用的排水系统。在青岛的老城区，光滑的马牙石铺成的道路旁，你还能看到乌黑发亮的"古力盖"。

其实好的理念咱不是没有。咱的祖先很厉害，不过后来，麻袋换纸袋又变塑料袋，一代不如一代啊！

江西赣州，托古人的福，建于九百多年前宋代的排水工程，到了今天还能使赣州千年不涝。传说赣州是一座"浮城"，它形状像乌龟，龟首在城南，龟尾在城北，神奇的是，不管江水怎样涨，赣州城都能忍受。

古代的建筑工匠没有层层转包、偷工减料之事，建筑质量有保障，甚至在每块砖上刻上施工人的名字，实行了产品问责制。可惜古人的前瞻性往往赶不上后人的破坏性。祖先们要知道后代子孙是怎么偷下水道井盖的，那还不气得纷纷跳井！

01 思考

下水道经不起暴雨的考验，我们缺的是钱，是技术，是机制，还是良心？

02 心得

从修水库、建大坝，到轰轰烈烈的城市运动，直至今日，为什么暴雨预报、预警机制都已建立，但大雨来的时候，我们只能"水中作乐"，或者抗洪救灾？得好好想想了。我们欠缺的不是钱，不是技术，不是机制，欠缺的是经得起暴雨考验的良心！

03 适用话题

环境保护·下水道的良心·光鲜亮丽与"心肌梗"

不能欣赏别人的苦难

赵恺

1993年，南非著名新闻摄影家卡特为了真实再现战乱中的乡村景象，赶到一个叫伊阿德的村庄。他发现了一个瘦弱的黑人小女孩，因为饥饿，她已经无力行走。卡特在一棵大树旁选好角度准备拍照。这时，空中飞来一只鹰，凶狠阴险地觊觎着孩子，仿佛随时要扑上去撕裂她。卡特连忙按动快门，拍下了这幕令人揪心的场景。

一年后，这张照片获得了当年的普利策新闻摄影奖。当卡特登上领奖台时，他的耳边却响起了人们严厉的质问：那个小女孩呢？面对可怜的她你怎能置之不理？于是，艺术的荣誉感瞬间被内心的愧疚击得粉碎。于是，卡特重新来到伊阿德村，在当地遍寻女孩未果，便在那棵大树下自杀了，年仅33岁。

01 思考

为何卡特艺术的荣誉感被内心的愧疚击得粉碎？

02 心得

黑人小女孩的悲惨无助，鹰的凶狠阴险，卡特的麻木功利，一一在文中毕现。

我们可以欣赏自然，欣赏艺术，欣赏情感，唯独不能欣赏别人的苦难。在苦难面前，我们应该打破自我，应该拥有起码的怜悯之心。

03 适用话题

悲惨无助·打破自我视角·怜悯之心

善良的动物　残忍的人

星竹

据说，100 年前，人们在亚马孙河两岸砍伐树木时，发现一种十分奇怪的现象：在电锯的轰鸣声中，所有的动物都逃离了，唯有一种叫作树虎的动物没有走。据记载，树虎是非常怕人的。工人们深感奇怪，不明白这些树虎为什么不走。他们找来动物学家桑普，桑普的话让工人们吃惊：他说一定有一只树虎被树胶粘在了树上，所以其他的树虎才不走。

大家仔细搜寻，果然发现树干上有一只树虎。原来，1 000 只树虎里总会有一只被树胶粘住，从此再不能动弹。让人感动的是，一动不动的树虎仍然能在世上活很多年。因为周围的树虎都会来轮番喂它。伐木工人听了如此说法，被深深感动了，他们将整棵树移到了森林深处。于是，所有的树虎也都跟着迁移了。

但多少年后，树虎还是在世上灭绝了。因为它的毛皮非常昂贵，于是，有人先将一只树虎用胶粘在树上，其他树虎便相继跟来，寻食喂养这只不能动的树虎。善良使它们纷纷落入猎人的圈套，被贪婪者一网打尽。

一只北极鼠被猎人的夹子夹住了后腿，夹子又被缠在了树上，似乎除了等死，别无选择。但它没死，直到一年后，它的后腿脱落，一瘸一拐地逃生了。而在这一年中，总会有几只母鼠来喂养它。于是，人们又利用北极鼠的善良，将北极鼠捕获。慢慢地，北极鼠同样也被灭绝了。

南非沙漠里还有一种动物叫沙龙兔。沙龙兔之所以能在沙漠里存活而不被干死，完全是因为一种团结的精神。沙漠每两年才会下一次像样的雨，这对于任何生命都极为珍贵。每次下雨，成年的沙龙兔都会跑上几十里，不吃不喝，不找到水源绝不回来。

每次它们都能把好消息带给大家。它返回来时，连洞也不进，因为沙漠中的雨水有时会在一天内蒸发掉，这又是沙龙兔一两年中唯一的一次正经补水。于是，为争取时间，平日很少见到的沙龙兔会在这只首领的带领下，跑上几十里去喝水。

而那只成年沙龙兔一般都会在到达目的地后因劳累而死去。又是人类，利用沙龙兔的这一特点，故意设置假水源。当大批沙龙兔到达地点后，却发现那里根本没有水而渴死在沙地上。于是捕猎者便不费吹灰之力把它们装入口袋。

动物的善良与奉献精神让人类感动，而人类的残忍却让人类自己胆寒。世界动物组织的调查表明，许多动物如此善良、如此献身的精神，正是它们繁衍的需要。这种善良与献身是它们代代相传、永远生存下去的基础。世上没有任何天敌能够战胜善良，只有人类在做着灭绝善良的事！

01 思考

为什么说"善良的动物，残忍的人"？

02 心得

一个动物竭尽所能地散发出太阳般的光芒，温暖着同伴，你能说它是低等的吗？而恰恰是高级动物人类，利用动物如此善良、如此献身的精神，残忍地捕杀它们。只有人类在做着灭绝善良的事！人啊，为什么这样？

03 适用话题

献身·善良与残忍

猎人·蛇·獴

辛志勇

　　午后的树林很静谧，不见一个人影，只有一圈圈零零落落的太阳影子透过树叶在草地上悄悄移动。时间缓缓地流过。突然，大树边不远的一片小树丛"簌簌"响了几下，一条可怕的眼镜蛇沿着矮树丛蜿蜒游了出来。它拖着长着黑色斑纹的长长的身体，没有一点儿停顿，悄然贴着草地向着猎人游过来。瞬间这条蛇就到了猎人的身边。夺命的攻击并没有立刻发起，它只是把长长的斑斓的身体蜷曲在一起，扁平的脑袋高高向后仰起，吐着毒舌凶恶地死死盯住猎人。猎人睡得正香，一点也不知道死亡就在他的身边。

　　一阵微风在草地上轻轻掠过，山林恐怖地颤抖起来，树梢上飘飘悠悠落下一片小树叶，正巧落在猎人的脸上。此时，只要猎人稍稍一动，剧毒的眼镜蛇就会毫不犹豫地对着猎人的脖子咬过去。整个树林屏息注视着这场已经不可避免的灾难，时间仿佛停了下来……

　　就在这千钧一发之际，"唰"的一声，一只尖嘴短腿的动物不知从哪里一下子冲到了蛇的面前，来的正是眼镜蛇最不愿意见到的天敌：一只勇猛的獴。形势陡变，眼镜蛇"呼啦"一下转过扁平的头，竖起来的脑袋猛地平直向前对着獴。獴则前腿伏地，沉着地用小眼睛狠狠地瞪着蛇。两只动物剑拔弩张地对峙着。树林里的灾难瞬间将演变成一场蛇獴殊死恶战。时间一秒一秒地过去，空气死一般地沉寂，双方谁也不敢妄动……终于，眼镜蛇慢慢垂下扁平脑袋，悻悻地转动着硕长弯曲的身体，转头滑过草地消失在小树丛中。猎人此刻恰好醒来，睁开眼睛就看见离他不远的獴。他立刻不假思索倏地拿起猎枪，熟练地上好子弹，举枪瞄准离他近在咫尺的獴。这只獴却没有逃跑，它怔怔地看着猎人。树林中的空气又一次凝固……猎人忽然慢慢放下猎枪，取出子弹，他想起了那块竖立在林边的标志牌。"幸亏这里是禁猎区，"他打了个哈欠收起猎枪，一边不无得意地自语，"真是一只幸运的獴。"

01 思考

　　读了这个惊险的故事，你想对这个自以为是的猎人说点什么？

02 心得

　　不是獴幸运，而是猎人太幸运了。如果没有这只獴，这个猎人早被眼镜蛇咬死了。猎人应该反思，再也不能猎杀动物了。

03 适用话题

　　爱护动物就是爱自己·反思

创新思维的广度和深度

七

—— 大狗小狗都要叫

思维的广度就是思维的范围。创新思维的广度就是对创新思维对象想出的点子的多样化程度。

思维的深度是思想深刻性的标志。思想的深刻性表现在以下几个主要方面：透过现象看本质，从具体领域深入抽象领域，从原因探索结果或从结果追溯原因等。

大狗小狗都要叫

佚名

俄国作家契诃夫说："有大狗，也有小狗，小狗不该因为有大狗的存在而心慌意乱。所有的狗都应该叫，就让他用上帝给他的声音叫好了。"

如果我们把它作为作文的材料，材料的文眼拟为"都应该叫"，即提倡争鸣。若从小狗的角度想，"贵在参与"；若从大狗的角度想，"不失自信"；若从裁判的角度想，"允许百狗争鸣"；若从听众的角度想，"百狗争鸣乃是春"；若从争鸣的必要性看，"不拘一格选狗才"；若从争鸣的标准看，"不必千狗一声"；若从争鸣的结果看，"小狗也能一鸣惊人"；若从争鸣的发展看，"小狗终将战胜大狗"。

01 思考

本文怎样体现思维的广度和深度？

02 心得

这段材料采用拟人的手法，语言幽默，蕴含哲理，忍俊不禁之余，颇受启迪。

由此，我们发现，思维跨度能如此巨大，以致海阔天空地联想；思维深度能如此深刻，以致追根寻底，揭示本质。

从创新的角度来说，思维的广度和深度是必不可少的。把思维的广度扩展一下，把思维的深度发掘一下，便会产生一连串创意。

03 适用话题

思维的广度和深度·创意·哲理

莫泊桑拜师

佚名

　　莫泊桑是 19 世纪法国著名作家。他从小酷爱写作，孜孜不倦地写下了许多作品，但这些作品都平平常常，没有什么特色。莫泊桑焦急万分，于是，他去法国拜文学大师福楼拜为师。

　　一天，莫泊桑带着自己写的文章去请福楼拜指导。他坦白地说："老师，我已经读了很多书，为什么写出来的文章总是感到不生动呢？"

　　"这个问题很简单，是你的功夫还不到家。"福楼拜直截了当地说。

　　"那——怎样才能使功夫到家呢？"莫泊桑急切地问。

　　"这就要肯吃苦，勤练习。你家门前不是天天都有马车经过吗？你就站在门口，把每天看到的情况都详详细细地记录下来，而且要长期记下去。"

　　第二天，莫泊桑真的站在家门口看了一天大街上来来往往的马车，可是一无所获。接着，他又连续看了两天，还是没有发现什么。万般无奈之下，莫泊桑只得再次来到老师家。他一进门就说："我按照您的教导，看了几天马车，没看出什么特殊的东西。那么单调，没有什么好写的。"

　　"不，不不！怎么能说没什么东西好写？那富丽堂皇的马车跟装饰简陋的马车是一样的走法吗？烈日炎炎下的马车是怎样走的？狂风暴雨中的马车是怎样走的？马车上坡时，马怎样用力？车下坡时，赶车人怎样吆喝？他的表情是什么样的？这些你都能写得清楚吗？你看，怎么会没有什么好写的呢？"福楼拜滔滔不绝地说着，一个接一个的问题都在莫泊桑的脑海中打下了深深的烙印。

　　从此，莫泊桑天天在大门口全神贯注地观察过往的马车，从中获得了丰富的材料，写了一些作品。于是，他再一次去请福楼拜指导。

福楼拜认真地看了几篇，脸上露出了微笑，说："这些作品表明你有了进步。但年轻人贵在坚持，才气就是坚持写作的结果。"福楼拜继续说："对你所要写的东西，光仔细观察还不够，还要能发现别人没有发现和没有写过的特点。如你要描写一堆篝火或一株绿树，就要努力去发现它们和其他的篝火、其他的树木不同的地方。"莫泊桑专心地听着，老师的话给了他很大的启发。福楼拜喝了一口咖啡，又接着说："你发现了这些特点，就要善于把它们写下来。今后，当你走进一个工厂的时候，就描写这个厂的守门人，用画家的那种手法把守门人的身材、姿态、面貌、衣着及全部精神、本质都表现出来，让我看了以后，不至于把他同农民、马车夫或其他任何守门人混同起来。"

莫泊桑把老师的话牢牢记在心头，更加勤奋努力。他仔细观察，用心揣摩，积累了许多素材，终于写出了不少有世界影响的名著。

01 思考

莫泊桑看到的马车和福楼拜看到的一样吗？为什么会有这么大的差异呢？

02 心得

莫泊桑看到的马车"那么单调，没有什么好写的"。福楼拜则看到了不同样的马车，不同天气下的马车，走不同路的马车，甚至还看到了驾车的人。

老师用开放的五官（"吆喝"，听觉；"烈日炎炎"，肤觉等），以不同的角度，全方位地仔细观察马车。因此，同样是看马车，差异巨大。

03 适用话题

仔细观察·多角度·勤奋努力

贝尔医生的观察与推理

佚名

贝尔医生是《福尔摩斯探案集》的作者柯南道尔的老师。有一次，在爱丁堡大学的课堂上，医学系的学生们正在聚精会神地听课，突然一个病人闯了进来，急着要找贝尔医生看病。学生们的注意力一下子集中在病人身上，课堂的秩序顿时被打乱了。正在讲课的贝尔医生起初很不高兴，但他毕竟是一位具有敏锐观察力又富有教学经验的老师。他转念一想，马上又和颜悦色地讲道："诸位，大家看，站在你们面前的这个人曾是一位在苏格兰兵团乐队服过役的军人，那时他一定是一个吹奏风笛的兵士。"

学生们睁大眼睛，一个个露出惊讶的神色，半信半疑地盯着这位不速之客。

病人矢口否认自己服过兵役。

这一下贝尔医生索性停止了正常讲课。他从讲台大步跨到病人身边，开始仔细地为他检查起身体来。当病人迟疑地脱下衣服时，贝尔医生那敏锐的目光搜寻到了他的目标——病人身上有一个"D"字形烙印。这种烙印是在克里米亚战役中专门惩罚逃兵的记号，每个被抓回的逃兵都要被烙上这种印记。于是病人无可奈何，只好承认贝尔医生说对了。

病人刚走出教室，学生们就迫不及待地问："先生，你是根据什么猜出病人的身份呢？"

贝尔先生回答道："这很简单，你们只要仔细观察一下，就能判断出来。这位病人进来时身子笔挺，步伐训练有素，这样的姿态只有在军乐队中吹奏风笛的士兵才具备。"

学生们的疑窦解开了，钦佩之情油然而生，由衷地赞叹老师独具慧眼的观察推断力。

01 思考

贝尔医生的准确判断来自何处？

02 心得

达尔文说："我没有突出的理解力，也没有过人的机智，只是在觉察那些稍纵即逝的事物并对它们进行精细观察时，我可能是中上之人。"由此可见，观察力十分重要。

而观察，总是和思考相伴随。细致的观察能够为头脑提供准确的思维素材，是创新思维的基础性工作。

03 适用话题

观察力·推断力·思考

生命的化妆

林清玄

我认识一位化妆师，她是真正懂得化妆，而又以化妆闻名的。

这个生活在与我完全不同领域的人，给我增添了几分好奇。因为在我的印象里，化妆再有学问，也只是在皮相上用功，实在不是有智慧的人所应追求的。

因此，我忍不住问她："你研究化妆这么多年，到底什么样的人才算会化妆？化妆的最高境界到底是什么？"对于这样的问题，这位年华已逐渐老去的化妆师露出一个深深的微笑。她说："化妆的最高境界可以用两个字形容，就是'自然'。最高明的化妆术是经过非常考究的化妆，让人家看起来好像没有化过妆一样，并且这化出来的妆与主人的身份匹配，能自然表现那个人的个性与气质。次级的化妆是把人突显出来，让她醒目，引起众人的注意。拙劣的化妆是一站出来别人就发现她化了很浓的妆，而这层妆是为了掩盖自己的缺点或年龄的。最坏的一种化妆是化过妆以后扭曲了自己的个性，又失去了五官的协调，例如小眼睛的人竟化了浓眉，大脸蛋的人竟化了白脸，阔嘴的人竟化了红唇……"没想到，化妆的最高境界竟是无妆，竟是自然，这可使我刮目相看了。

化妆师看我听得出神，继续说："这不就像你们写文章一样？拙劣的文章常常是词句的堆砌，扭曲了作者的个性。好一点的文章是光芒四射，吸引了人的视线，但别人知道你是在写文章。最好的文章是作家自然的流露，他不堆砌，读的时候不觉得是在读文章，而是在读一个生命。"多么有智慧的人啊！可是，"到底做化妆的人只是在表皮上做功夫！"我感叹地说。

"不对的，"化妆师说，"化妆只是最末一个枝节，它能改变的事实很少。深一层的化妆是改变体质，让一个人改变生活方式，睡眠充足、注意运动与营养，这样她的皮肤改善、精神充足，比化妆有效得多。再深一层的化妆是改变气质，多读书、多欣赏艺术、多思考、对生活乐观、对生命有信心、心地善良、关怀别人、自爱而有尊严，这样的人就是不化妆也丑不到哪里去，脸上的化妆只是化妆最后的一件小事。我用三句简单的话来说明：三流的化妆是脸上的化妆，二流的化妆是精神的化妆，一流的化妆是生命的化妆。"化妆师接着做了这样的结论："你们写文章的人不也是'化妆师'吗？三流的文章是文字的化妆，二流的文章是精神的化妆，一流的文章是生命的化妆。这样，你懂化妆了吗？"我为了这位女性化妆师的智慧而起立向她致敬，深深地为我最初对化妆师的观点感到惭愧。

告别了化妆师，回家的路上，我走在夜黑的地方，有了这样深刻的体悟：这个世界一切的表相都不是独立自存的，一定有它深刻的内在意义，那么，改变表相最好的方法不是在表相上下功夫，是一定要从内在改革。

01 思考

此文告诉我们，改变表相的最好办法是什么？

02 心得

化妆是生活中一件极平常的小事，而化妆师对其进行精深的思考后，将其分为三个层次：一是脸上的化妆；二是精神的化妆；三是生命的化妆。至此，作者对怎样涵养生命之源已经有了深刻的理解，然而作者又向生活深处进一步地开掘：这个世界一切的表象都不是独立存在的，一定有它深刻的内在意义，那么，改变表相最好的方法不是在表相上下功夫，一定要从内在改革。这就为文章注入了深刻的哲学内涵。

03 **适用话题**

表象与内在·哲学内涵·涵养生命

"阿尔法围棋"再揭秘

杨骏

60胜，人工智能最新的围棋战绩定格在了这一数字上，唯一一盘和棋还是因为网络断线。新版"阿尔法围棋"以Master这个账号在网站上横扫中韩等国顶级棋手。

本有风声传出转型到医疗等领域的这个围棋人工智能技术，此次杀了个"回马枪"，再次让人们感到了人工智能迅猛的来势。

不过探其究竟，到底是人工智能自身进步速度可畏，还是背后的科学家令人生畏？答案耐人寻味。

毕竟，围棋这种源自中国的古老游戏难度之高毋庸置疑：361个交叉点可让棋盘上的情形变幻无穷，千古不同局。相比之下，国际象棋和中国象棋变化较少，曾很大程度上依赖"穷举法"攻占这两个领域的传统人工智能难以"故技重施"。许多专家原以为，计算机战胜围棋职业棋手还需要很多年，没想到现在人类棋手就已无法获得一胜。

"阿尔法围棋"用到了很多新技术，如神经网络、深度学习、蒙特卡洛树搜索法等，使其实力有了实质性飞跃。美国脸书公司"黑暗森林"围棋软件的开发者田渊栋曾在网上发表文章分析说："'阿尔法围棋'这个系统主要由四个部分组成：一、走棋网络，给定当前局面，预测／采样下一步的走棋；二、快速走子，目标和前一点一样，但在适当牺牲走棋质量的条件下，速度要比一快1 000

倍；三、估值网络，给定当前局面，估计是白胜还是黑胜；四、蒙特卡洛树搜索，把以上三个部分连起来，形成一个完整的系统。"

不怕电脑记性好，就怕电脑爱学习。学会自主学习的"阿尔法围棋"掌握了全球各种对局，去年和李世石对战前就已经和自己对弈了 3 000 万盘。前几天在网上与各路高手的对战，也是为了通过更多的学习来检测新版本。现在它所呈现出的能力已经到了不断碾压人类智商，乃至让人类叹为观止的地步。

"阿尔法围棋"的人机大战，引发人们对人工智能时代浮想联翩。当今世界，人类已依赖机器的计算与"算计"，从购物网站的精准推送到电视剧的剧情设计，再到无人驾驶汽车中的识别技术。优化计算在生活中无处不在，人工智能也可谓无处不在。事实上，"阿尔法围棋"所应用的技术，尤其是"深度学习"，已被应用在包括图像识别、文本翻译、音频／文本处理、脸部识别、强化学习以及机器人等领域。人工智能的水平恰恰折射出人类自身的科技发展能力，人类在前进，人工智能也在前进。

01 思考
怎样认识人工智能的发展？

02 心得
事实上，人类对人工智能的研究和测试是一项极富挑战性的工作，不论是它的复杂性和学科交叉性，还是它那些带有根本性的思考和创新，都是人类对自身的不断认识和挑战。

03 适用话题
人工智能·人机大战·创新

八

发散思维

——像花园喷头多向发射

所谓发散思维，就是以一个问题为中心，从各种不同的角度或侧面进行深入的思考来解决问题的思维方法。而联想和想象是发散思维的重要方式。它们打破思维的定式，使学生由此及彼，由未知到已知，产生新的感知、新的意象，以形成对某一个问题的多种视角，探求问题不同的、特异的答案。

给 18 岁的你

陈文茜

　　现在的你或刚进大学校园，或仍然等待一次又一次的考试，好进入梦想中的校园。然而，不久前源自华尔街的金融海啸让 18 岁的你开始迷惘未来。四年后的人生是什么样？十年后的世界又是何种风貌？18 岁，有些人已走了很长的路。18 岁，林语堂也刚离开福建鼓浪屿，前往上海圣约翰大学就读。林语堂本是福建漳洲旁小村落龙溪的"土孩子"，改变他一生的，是父亲从小给他的国际视野。破落的龙溪乡下有位长老教会的牧师，自小以中英文教导他的儿子，并谆告"长大定要念世界一流大学"。自幼林语堂即离乡寄读于鼓浪屿中小学，他忍受了童年的孤独，借由一块偶然开放的钢琴之岛（鼓浪屿别名）与世界悄悄连接。他的同学里有英、法、葡、西等各国领事的小孩，林语堂没为他的孩提时期留下太多记录，唯一惦记在心的是父亲的话：大海的另一边是另一个世界，"要读世界一流大学"。林语堂后来实践了父亲的梦想，先留美于哈佛，再留德。他是世界上第一位登上《纽约时报》畅销书排行榜的华人作家，其作《生活的艺术》连续登载《纽约时报》榜首 52 周，文字行云流水，语带幽默。严苛地说，他的文学造诣比不上同一时代的沈从文、鲁迅、张爱玲甚至辜鸿铭，但他在世界文坛的地位远远超越同辈，只因他拥有的世界观，尤其是英文书写的能力。

　　18 岁，霍金还在足球场上奔跑，他没料到数年后，自己即将罹患肌肉萎缩症。就读英国牛津大学博士班时，他的脑神经已开始明显受损，一天比一天不会说话，一日比一日手脚萎缩，直至我们今天看到的"怪物"。蜷曲于特殊设计的轮椅，霍金 25 岁后只能透过合成器发音，与世界甚至宇宙沟通。18 岁时，他及时抓紧了青春，满街追逐"女生"，踢足球；他一生相信，这世界最大的谜就是"宇宙"与"女人"。他往往阅读完爱因斯坦的物理著作，左手一搁，右手就拿起王尔德的"败德"文学，探勘女人究竟是怎么回事。

18岁，巴菲特已卖过口香糖、二手高尔夫球、爆米花……买进股票，赚了一笔又赔光……并且当过送报生。他不喜欢"杆弟"（源于中国台湾，通俗说法是"球童"）类的劳力工作，但热爱送报生的生涯。他拥有一条送《华盛顿邮报》的路线和两条送《时代先锋报》的路线，两报立场一左一右。每天送报前，他总是同时阅读支持罗斯福与反对罗斯福的新闻论点，然后沿途"一个人工作，自己想通某些事"，除非那个路段"有只恶犬"。巴菲特出生于1930年8月，算起来他娘怀胎时正巧1929年10月大股灾前后。更倒霉的还在后头，在他11岁的某个星期天，一家人刚做完礼拜开车返家，广播突然插播"日本袭击珍珠港"，车上一阵骚动。从收音机里巴菲特得知第二次世界大战已经开启，更大的灾难要来了。巴菲特的父亲是他心目中的"大人物"，为了反罗斯福，父亲还曾绝望地投入一场必输的众议员选战。母亲会弹管风琴，但平时只要一开口，对孩子尽是负面攻击语言。一个没有太多爱的孩子，对世界却拥有很多梦想，但没有不切实际的幻想。对巴菲特而言，如果母爱都不可信赖，长大后谁能轻易信赖？冷静看"财报"，一切"眼见为凭"，这是股神的童年故事。时代与家庭让一个18岁的孩子过分早熟，但也学得50岁的人都学不到的人生智慧。

---

01 思考

我们属于"00后"，距离18岁并不遥远。我们应该学学谁？

02 心得

18岁的你，学学林语堂，爱你生长的地方，了解你受教的文化，但别被

故乡拴住一切，勇敢地往前走，往更大的世界去探索。

18岁的你，学学霍金，及时享受青春的美好，人生有太多不测，别尽苦恼华尔街发生什么事，抓住青春的尾巴，热爱你的生命。

18岁的你，学学巴菲特，把童年的遗憾当作人生历练，越唠叨的妈越能历练冷静抗压的投资之神。

03 适用话题

勇敢探索·热爱生命·人生智慧

斯巴达克与莎乐美的故事

佚名

身为奴隶的斯巴达克与贵族的女儿莎乐美相亲相爱，后来被莎乐美的父亲知道了，要处死斯巴达克。在莎乐美以死相求后，改由斯巴达克作如下选择：角斗场里有两扇门，一扇门里是饿了三天的雄狮，一扇门里是美女。如果推开雄狮门，其结果可想而知：葬身狮腹；如果推开美女门，将与她远走他乡。而莎乐美知道狮子和美女的准确位置，届时，她会在看台上给斯巴达克手势。

讲到这里，教师让学生想象故事的发展。一位女生说，莎乐美肯定指给斯巴达克狮子门，理由是，虽然狮子吃了斯巴达克，她会很痛苦，但总比自己的情人和别人结婚好，自己得不到的别人也休想得到！这时，一位男生情不自禁地说：太可怕了！结果引来了一阵哄笑。一位男生说，莎乐美会指美女门，理由是，真爱一个人就应当让他幸福，怎么能夺去他的生命呢？

还有一位学生叫余祖欣，她说，斯巴达克会按莎乐美的指示作出相反的选择。她解释说，如果莎乐美指的是美女，斯巴达克为报答她的爱而推开狮子门，他死而无憾；如果莎乐美指的是狮子，他得到了美女，应该是毫无愧疚：莎乐美这样残忍的女人，有什么值得留恋呢？

01 思考

余祖欣同学的思考有何特点？

02 心得

余祖欣的视角一转换，使得故事的结局既体现了创造性的想象力，又蕴涵逻辑力，令人折服。

03 适用话题

想象力·逻辑力·创意

不要轻易说"不可能"

蒋光宇

王教授给东方希望集团讲课的时候，出了这样一个思考题请学员回答："一个装满了水的杯子，在保证水不溢出的前提下，还可以再往杯子里放进什么东西吗？比如放回形曲别针。"

学员们都觉得难以相信，纷纷表示："这怎么可能呢？一定是不可能的。"

王教授平和地说："当许多人说'这是不可能'的时候，我们能不能自觉地想到有很多不可能的事情，其实完全是可能的。"

接着，他往一个透明玻璃杯里装了满满一杯水，然后开始一个一个地往杯子里放回形曲别针。一个放进去了，十个、二十个又放进去了……最后，整整一盒都放进去了。

学员们很惊讶，并聚精会神地观察到：玻璃杯口的水面原来是平的，后来逐渐凸了起来，而且越凸越高，但由于表面张力的作用，玻璃杯里的水一点也没有溢出来。

王教授说："大家看到了吧，事实可以证明，我们刚才认为根本不可能的事情，其实是完全可能的。"

王教授进一步启发大家："尽量无拘无束地思考，假如杯子里连一个回形曲别针也放不进去了，那还能放进去什么东西吗？"学员们的思想顿时活跃起来了。

有的学员说："能放进去吸水的东西，比如说棉花或海绵。"

有的学员说："可以放一些漂在水上的东西，比如一滴油。"

有的学员说："还可以放一些可溶解的东西，比如盐、糖、味精等。"

有的学员说："可以放头发丝等。"

王教授又说："假如水杯已经满到了极限，连一根头发丝的百万分之一都不能放了，那么请问，还能放进去什么东西呢？"学员们的思想更活跃了。

有的学员说："可以把月亮放进去。"

有的学员说："还可以把阳光放进去。"

王教授说："大家回答得很好，既异想天开，又实事求是。这个实验说明，许多看似根本不可能的事情，其实不但是完全可能的，而且还有多种多样的可能。在今天这个世界，永远都有发展的机会，永远都不要轻易地说'不可能'。只有不断地抛弃'不可能思维'，树立起'一切皆有可能的思维'，我们才能创新，创新，再创新。"

01 思考

为什么不要轻易说"不可能"？

02 心得

天有涯，海有岸，但并不是所有的梦想都是遥不可及的。不要因为困难而退缩，不要因为害怕失败而不敢尝试。人生许多不可能的事情，如果能突破常规，勇于尝试，也一样可以变成可能。

03 适用话题

突破常规·勇于尝试·一切皆有可能

《灰姑娘》的阅读课

沙漠

上课铃响了，孩子们跑进教室。这节课老师要讲《灰姑娘》的故事。

老师先请一个孩子上台给同学讲一讲这个故事。孩子很快讲完了，老师对他表示了感谢，然后开始向全班提问。

老师：你们喜欢故事里面的哪一个？不喜欢哪一个？为什么？

学生：喜欢辛黛瑞拉（灰姑娘），还有王子；不喜欢她的后妈和后妈带来的姐姐。辛黛瑞拉善良、可爱、漂亮；后妈和姐姐对辛黛瑞拉不好。

老师：如果在午夜12点的时候，辛黛瑞拉没有来得及跳上她的南瓜马车，你们想一想，可能会出现什么情况？

学生：辛黛瑞拉会变成原来脏脏的样子，穿着破旧的衣服。哎呀，那就惨啦。

老师：所以，你们一定要做一个守时的人，不然就可能给自己带来麻烦。另外，你们看，你们每个人平时都打扮得漂漂亮亮的，千万不要突然邋里邋遢地出现在别人面前，不然你们的朋友要吓着了。女孩子们，你们更要注意，将来你们长大和男孩子约会，要是你不注意，被你的男朋友看到你很难看的样子，他们可能就吓昏了。（老师做昏倒状，全班大笑）

好，下一个问题，如果你是辛黛瑞拉的后妈，你会不会阻止辛黛瑞拉去参加王子的舞会？你们一定要诚实哟！

学生：（过了一会儿，有孩子举手回答）是的，如果我是辛黛瑞拉的后妈，我也会阻止她去参加王子的舞会。

老师：为什么？

学生：因为，因为我爱自己的女儿，我希望自己的女儿当上王后。

老师：是的，所以，我们看到的后妈好像都是不好的人。其实她们只是对别人不够好，可是她们对自己的孩子却很好，你们明白了吗？她们不是坏人，只是她们还不能够像爱自己的孩子一样去爱其他的孩子。

孩子们，下一个问题，辛黛瑞拉的后妈不让她去参加王子的舞会，甚至把门锁起来，她为什么能够去，而且成为舞会上最美丽的姑娘呢？

学生：因为有仙女帮助她，给她漂亮的衣服，还把南瓜变成马车，把狗和老鼠变成仆人。

老师：对，你们说得很好！想一想，如果辛黛瑞拉没有得到仙女的帮助，她是不可能去参加舞会的，是不是？

学生：是的！

老师：如果狗、老鼠都不愿意帮助她，她可能在最后的时刻成功地跑回家吗？

学生：不会，那样她就可以成功地吓到王子了。(全班再次大笑)

老师：虽然辛黛瑞拉有仙女帮助她，但是，光有仙女的帮助还不够。所以，孩子们，无论走到哪里，我们都是需要朋友的。我们的朋友不一定是仙女，但是，我们需要他们。我也希望你们有很多很多的朋友。

下面，请你们想一想，如果辛黛瑞拉因为后妈不愿意她参加舞会就放弃了机会，她可能成为王子的新娘吗？

学生：不会！那样的话，她就不会到舞会上，不会被王子遇到、认识和爱上了。

老师：对极了！如果辛黛瑞拉不想参加舞会，就是她的后妈没有阻止，甚至支持她去，也是没有用的。是谁决定她要去参加王子的舞会呢？

学生：她自己。

老师：所以，孩子们，就算辛黛瑞拉没有妈妈爱她，她的后妈不爱她，这也不能够让她不爱自己。就是因为她爱自己，她才可能去寻找自己希望得到的东西。如果你们当中有人觉得没有人爱，或者像辛黛瑞拉一样有一个不爱她的后妈，你们要怎么样？

学生：要爱自己！

老师：对，没有一个人可以阻止你爱自己。如果你觉得别人不够爱你，你要加倍地爱自己；如果别人没有给你机会，你应该加倍地给自己机会；如果你们真的爱自己，就会为自己找到自己需要的东西。没有人可以阻止辛黛瑞拉参加王子的舞会，没有人可以阻止辛黛瑞拉当上王后，除了她自己，对不对？

学生：是的！

老师：最后一个问题，这个故事有什么不合理的地方？

学生：（过了好一会）午夜12点以后所有的东西都要变回原样，可是，辛黛瑞拉的水晶鞋没有变回去。

老师：天哪，你们太棒了！你们看，就是伟大的作家也有出错的时候，所以，出错不是什么可怕的事情。我担保，如果你们当中谁将来要当作家，一定比这个作家更棒！你们相信吗？

孩子们欢呼雀跃。

---

01 思考

读了《〈灰姑娘〉的阅读课》，你可以跟我们分享一下你的感受吗？

---

02 心得

原来《灰姑娘》还可以这样读！我们都读过《灰姑娘》，在书本和老师的教导下，我们一致认为辛黛瑞拉的后妈是个坏人，她用心险恶；仙女、灰姑娘都是好人；善有善报，好心的灰姑娘嫁给了王子，过上了幸福的生活。我们对人对事的评价只停留在"好与坏""对与错"之分；唯书本论，信服于权威，缺乏独立思考。《〈灰姑娘〉的阅读课》启发我们，教学中要强调理性色彩，要发展发散思维、逆向思维、批判性思维的能力。

---

03 适用话题

唯书本论·理性思维·独立思考

改变世界的三个苹果

赵鹏

上帝给了人类三个苹果。

三个苹果改变了世界，三个苹果也为人类创造了一个新的世界。

第一个是夏娃的苹果。夏娃在伊甸园里偷吃了圣果，于是，这样一个虚假的苹果给了人类生命，给了人类文明，把一个新的时代创造在了人类面前。偷吃了一个苹果，西方人眼中的社会就有了根源，我们无法不相信这样一个美丽的神话；同样，我们也不得不承认人类社会来源于一个小小的苹果。而这第一个苹果也仅仅是一个开始。

第二个苹果就是牛顿的苹果。牛顿的苹果同样也改变了这个世界，把西方人的科学文明带到了一个新的高点。牛顿的苹果就是这样奇特，正好砸在了他的头上，但是，苹果的秘密不在于它砸到了牛顿的头上，万有引力总是要被发现的。要是当初牛顿没有发现苹果的威力，说不定明天早上从床上掉下来你也会发现这个世界的秘密，这就是人类的文明。但牛顿的苹果给了人类"物理"这样一个学科。化学也好，数学也好，自然学科的各个子学科都要记住一个人——牛顿。与其记住牛顿这个人，我们不如记住牛顿的苹果。

第三个苹果，估计猜也猜到了，是乔布斯的苹果。乔布斯的苹果给了人类科技文明的一个果实。如果说前两个苹果给人类的是文明与科学上的圣果，那么乔布斯的果实给的就是物质上的。我们不能不承认西方人在创造了一个新的世界以后，又给人类开创了一个新的世界。我们都无法回避一个事实，就是乔布斯给了这个世界和人类无数商机。我们这个世界不能没有电脑，我们这个世界不能没有乔布斯，不管我们买得起还是买不起。电子产品的那个被咬了一口的苹果是乔布斯给我们咬下了一个新的时代。

西方人的三个苹果给了世界三个震撼，也给了人类三个不同的时代。这三个苹果是世界的，是人类文明的产物。当生活在这个世界的某一个角落的时候，我们要记得，我们是生活在苹果的肩膀上。

第一个苹果给了夏娃，从夏娃摘下苹果的那一刻开始，人类从此就和苹果牢牢地绑在了一起。驱动她的只是人类永恒的好奇心和逆反心态，却未想到开启了新世界的大门。这种水果自此被符号化，代表着一代又一代的人类叛离固定模式的努力。

第二个苹果给了牛顿，在人类探索世界的道路上留下了漂亮的一笔。

第三个苹果给了乔布斯，让人们为这个苹果狂热。这个被咬了一口的苹果已成为时髦的代名词，令世界上最早的家用笔记本电脑诞生，引领了一场触屏手机的革命。

苹果联合创始人史蒂夫·乔布斯于北京时间 2011 年 10 月 5 日辞世。

苹果董事会称："世界因他无限美好。"乔布斯之所以让世人膜拜，是因为他用一系列苹果产品，包括音乐播放器 iPod、智能手机 iPhone 以及平板电脑 iPad，对全球的消费电子产品产生了前所未有的冲击。苹果公司发布的新一代 iPhone4S 也成为乔布斯留下的最后一个作品。乔布斯逝世前说："对我来说，成为墓地里最富有的人并不重要，晚上临睡前能够说我这一天做了些美妙的事情，对我来说才是重要的。"

诱惑亚当与夏娃的苹果让我们来到世界；砸在牛顿头上的苹果让我们了解世界；被乔布斯咬了一口的苹果让我们体验世界。

---

01 思考

改变世界的三个苹果各代表什么？

慧和知识，乔布斯的苹果代表科技和创新。

---

02 心得

夏娃的苹果代表欲望和生命，牛顿的苹果代表智

---

03 适用话题

欲望和生命·知识和智慧·科技和创新

逆向思维

——翻看硬币的另一面

九

逆向思维是朝着认识事物的一般方式相反的方向去思考问题，从而提出不同凡响的超常见解的思维方式。逆向思维不受传统观念的束缚，具有深刻的批判性。

学校换了玻璃大门

佚名

新学期伊始，教学楼大门又被踢破了，校门的管理员为此伤透了脑筋。他们也曾在门上张贴过五花八门的警示语，如"足下留情""我是门，我很怕痛""踢门者罚"……诸如此类。可是，"法不责众"，十五六岁的学生依然用脚开门，用脚关门，把门当成了一只可以踢来踢去的足球。

于是，管理员找到校长，要求换一扇铁门："看门硬还是他们的脚硬。"

可是，校长却换了一扇漂亮的玻璃门。孩子们走近门口，总是不由自主地放慢了脚步，轻轻推门，阳光随着门扉旋转，照耀着一个又一个行为文明的孩子。

01 思考

这是一个颇有特色的创新思维小故事。它的特色表现在何处？

02 心得

在这个故事里，从表达的角度看，运用了对比的手法，把管理员主张换铁门和校长换了玻璃门进行对比，凸现了换玻璃门出乎意料的良好效果。从思维的角度看，管理员想到的只是把门做得更结实，不怕学生踢，属于思维定式；而校长则是逆向思维，换了易碎的玻璃门，属于

创新思维。而且，校长的做法体现了对学生的爱和宽容，效果也是好的，学生的行为举止变得文明了。

在这个故事里，语言表达和创新思维有机结合，在字里行间力求渗透人文素养。这就是我们所希望达到的"以语言表达为基础，以创新思维为核心，以人格为目标"的健全的人文教育。

03 适用话题

思维定式·创新思维·人文素养

剪除优势

刘建雄

模特姑娘小叶有一头乌黑柔顺的长发，闪着绸缎般的亮泽。在T型台上，她的秀发在万人瞩目中，在记者闪烁成一片的镁光灯里飞扬飘逸，特别是她转身回头的一刹那，长发随着飘曳的裙袂如黑瀑般飞泻铺洒开来，再配以嘴角那一抹若有似无的微笑，将中国古典服饰的婉丽典雅之美展露无遗，迷倒了台下无数观众。她的这一经典演绎成为她的"招牌"和撒手锏——人称"叶氏转身"，让她在各种大赛上无往不胜，夺得了座座奖杯。

她赢的比赛多了，自然会遭到嫉妒和非议，一些风言风语便在某些阴暗的角落里散播开来：有的说她一脸媚相，靠含春卖俏夺冠；有的说模特表演界某位权威就喜欢她的头发，一路让她过关……

这些流言蜚语传到耳中，她先是震惊，然后是愤怒，最后跑到她的指导教练那里哭诉。教练微笑着轻轻拍拍她的肩膀，贴近她的耳朵悄声对她说了一席话。听了教练的话，她冷静了下来，若有所思。

又一个重要的国际赛事来临了。比赛那天，她一改平时雍容华丽的风格，在冷峻肃穆的中国古乐韵中登场。一登场，就引起全场震惊：她那一头如黑瀑般的长发剪掉了！她那蒙娜丽莎式的微笑也收隐了！取而代之的是一头轻俏爽利的短发以及冷酷凝重的表情。她竟然把自己的最大优势给去掉了！

台上台下的观众十有七八观看过她的比赛，对她的大转变自然十分震惊。就连对她很有信心的中国裁判也暗暗吃惊：她这一举动是不是有点儿太冒险了？

在人们的惊讶和猜疑中，她镇静异常，配合着清冽的背景乐韵，保持着冷酷的表情。长发没有了，但她精纯熟练的台步没有变，她洒脱自然的台风也没有变。观众不禁陶醉于她的表演，时不时给予热烈的掌声。

在人们陶醉的目光中，她很自然地又来了一次"叶氏转身"，剪短的头发仍能在背后展现出优美的弧线。转身过后，她的下颌稍微昂起，眼神斜睨，扫视全场，高贵冷艳的气质展露无遗。观众为之倾倒，一时间竟鸦雀无声，许久，才爆发出雷鸣般的掌声，响彻全场。凭着这一出色的演绎，最后她以比第二名高出很多的得分再次揽金。

剪掉了长发，收起了微笑，没有了昔日的优势，她却再一次征服了观众和裁判的心。她以铁一般的事实向人们证明：赢得比赛靠的不是道具和"优势"，而是她本身的综合素质和实力。

---

01 **思考**

我们经常说"发挥自己的优势"，可是，小叶为什么要剪除自己的优势？

02 **心得**

在人生的舞台上，如果你太倚仗"优势"一成不变，也往往为之所缚，难以进

步。不如适时剪除优势，推陈出新，以你的实力征服观众，一切嫉妒和非议自然消失于无形。

---

03 适用话题

一成不变·推陈出新

熟难生巧

守护甜心

900 年前，卖油翁的一句戏言"无他，但手熟尔"经欧阳修的生花妙笔一渲染，竟被初出茅庐的生手们奉为金科玉律。

但"熟"与"巧"真是因果吗？

其实不然。

"熟"是熟练，是机械式的重复，是没有科技含量的简单劳动，它像一道围墙，遮挡了人们探寻的目光。

驴子在磨道里拉磨，一圈又一圈，既是起点又是终点。它一生都被囚禁在狭小的磨坊里，技艺再精熟，驴子也无法变成麒麟。

青蛙在一潭井水里蹦来跳去，它看到的始终是熟悉的一方天空；类人猿从生活了几万年的树上爬下来，放弃了最熟悉的生活方式，却渐渐演变成了万物之灵的人类。

老师对学生说：熟能生巧。于是题海战术让学生成了"解题机器"，但他们对社会与人生却一无所知。央视《朝闻天下》栏目播放的一个调查报告显示，从 1977 年至 2008 年 32 年间，没有一位"高考状元"成为学术、商业、政治等方面的顶尖人才。"熟"已经够多了，"巧"又在哪里？

事实上熟练产生惰性。科学研究证明，当人们长期重复一些不用动脑就能很熟练的工作时，大脑就会处于一种麻木的状态，这样，因缺乏刺激便难于迸发灵感的火花。

而"巧"是聪明，是灵性，是匠心独运，如一根火柴，点燃了创新的希望之光。

有一个故事很能说明问题：两个水泥匠同样在工地砌墙，一个人每天只是机械式地重复前一天的工作；另一个却在想："我是在建筑一座人生的高楼大厦"，于是边干活边钻研设计知识。十年后，不断重复的那个人仍然是水泥匠，而那个用"巧力"的则成为享誉世界的建筑大师。

人们常说巧妇难为无米之炊。没有米，厨师做不出饭；但再好的米，如果天天用同样的程序做同样的饭，也会令人生厌。

人满为患的现代社会并不缺少熟练的技术工，却最需要求新求变、独当一面的创新型人才。

---

01 **思考**

"熟"与"巧"孰高孰低？

---

02 **心得**

我们说"熟"只是照葫芦画瓢，"巧"却是点石成金、化腐朽为神奇。孰

高孰低，不言自明。

熟练只能产生匠人，而不能产生大师。"熟"的流水线上只会制造同一模式的产品，而"巧"的天空却能尽情展现绚丽壮美的智慧彩虹。

因此，熟能生巧只是感性的朴素愿望，而熟难生巧才是理性的实践真知。

03 适用话题

匠人与大师·模式与创新·感性与理性

把天灾当作天幸

蒋光宇

生活中的有些天灾可能是天幸。

在美国，有一个总面积约八千八百八十九平方公里的国家公园，对水灾和火灾等自然灾害从不加以人为地干预。火灾来了，任大火去烧，让大火自生自灭；水灾来了，让大水去淹，而不去抗洪。只有当大火或者大水直接威胁到游客、工作人员的生命和文化遗迹安全时，才采取必要的营救措施。

它就是美国最早的国家公园——黄石国家公园。这一反常的管理举措起源于 1988 年遭受的一场大火。当时公园三分之一的森林被烧毁了，到处是被大火烧焦的死树。

此后，公园管理局用十年的时间研究了大火对生态的影响，结果发现：天灾有时是大自然新陈代谢的使者，因为大火常发生于衰老的森林，能淘汰森林中的病树、枯木，让新树有生长的空间。比如松树的生长周期大约是二百五十年，超过这个年龄的树木即开始衰老；又如有些树木的种子只有借助大火的力量才能发芽；另外，焚烧过的土地会更加肥沃，更有利于树木生长。大火过后，虽然有些物种的数量减少了,但更多的物种却得到新生。总体上看,大火促进了进入垂暮之年的森林的自然更新。

01 **思考**

　　我们怎样才能把天灾变成天幸?

02 **心得**

　　生活中很难说是陷阱多还是机遇多,也很难说是天灾多还是天幸多,因为机遇常常把自己打扮成陷阱,天幸往往把自己乔装成天灾。只有具备了足够的实力和敏锐的眼光,才能在陷阱中发现机遇,才能在天灾中发现天幸,才

能化祸为福。

03 **适用话题**

　　天灾与天幸·陷阱与机遇·化祸为福

炒股得有慈悲心肠

潜力

　　先讲一个俗得不能再俗的故事。有一位贵公子进京赶考,不幸的是路途中遭遇暴风雪,饥寒交迫,而多次投宿不被接纳,冻馁路旁。幸得一位乐善好施的员外救助,接至家中。在员外家休养多时,身体康复,天气亦转晴朗。于是,员外送他重新上路。理所当然,结局皆大欢喜,我们都能猜中:洞房花烛夜,金榜题名时。贵公子

高中状元，且被招致皇上驸马。贵公子自然不忘员外大恩，重金酬谢员外。这就是慈悲心肠应得到的回报。

其实，生活的哲理是相通的，比如股市炒股，同样应有慈悲心肠。就如A股万科，为全球市值最大的绩优房地产公司，响当当的蓝筹股。2013年至2014年，市盈率仅五倍左右，年分红回报远高于银行存款、国债收益，甚至是理财产品。可是时运不济，股价长期徘徊在七至八元，猪嫌狗不爱，真正是"落难公子"。那时如果学习那位员外，对万科伸出援手，买一点万科股票作为投资，想必股票早已增值。

不过，时至今日，万科贵公子的价值终于被发现，受到豪门青睐，身份倍增，股价一涨再涨。连跳广场舞的大妈都蜂拥买万科，甚至连擦皮鞋的大妈都推荐买万科，以致万科股票珍稀难求。这时，恐怕我们仍应不忘慈悲，把一票难求的万科股票卖掉吧，毕竟万科这位贵公子给我们的回报已足够丰厚。

01 思考

为什么炒股得有慈悲心肠？

02 心得

中国股市是七人亏损、三人平或赢利的市场。因此，要想赢利，必须运用逆向思维。股价跌了又跌，人们都嫌弃股市、咒骂股市时，不妨买一点；而当股价涨了又涨，大妈都普遍赢利时，不妨卖掉一点。这样，才有可能立于不败之地。

03 适用话题

逆向思维·慈悲

出售贫穷

查一路

在日本的兵库县有一个叫丹波的村子。当整个日本都普遍富裕起来的时候，这里依然贫穷——土地贫瘠、物产贫乏、交通落后、信息闭塞。这里的人们心情焦灼，可又苦于脱贫乏术。于是，他们向全社会征集致富良方。一些有识之士形成的一致意见是：出售物产和资源换回生活所需。可问题是这个村子除了贫穷和落后，无以出售。

最后，一位专家运用逆向思维：既然只剩下贫穷落后，无可出售，何不出售贫穷和落后？

如何出售贫穷？他向村民建议：今后村民们不要住在现在的房子里，要住到树上去；不要再穿布做的衣服，穿树皮、兽皮，像几千年前尚处于蒙昧时代的老祖宗那样生活，这样城里人会来观光、旅游，从而会给村民带来丰厚的旅游收入。

村民们听从了专家的建议。他们的"另类生活"引起了城里生活的人们极大的好奇，一时游人如织。不到一年时间，丹波村的村民们都富裕起来了。

01 思考

我们应该怎样善待并利用自己的缺点？

02 心得

"贫穷"一直作为缺点存在于人们的意识中，乏善可陈。可是，这里的人们摆脱贫穷利用的恰恰是贫穷。人们常常为自己的缺点而遗憾、伤感、沮丧，却忽视了缺点中有价值的部分。善待并利用缺点，缺点终将演变成特点。

03 适用话题

缺点与特点·利用缺点·逆向思维

收敛思维

——剑桥下午茶效应

收敛思维又叫集中思维，这是相对于发散思维而言的。与发散思维正好相反，它是以某个思考对象为中心，尽可能运用已有的经验和知识，将各种信息重新进行组织，经过识别和选择，从不同的方面和角度将思维集中指向这个中心点，从而达到解决问题的目的。如果说发散思维是由"一到多"的话，那么收敛思维则是由"多到一"。当然，在集中到中心点的过程中，也要注意吸收其他思维的优点和长处。

清晰你的人生目标

崔修建

哈佛大学的一个人力资源研究课题组曾经对数百名智力、家庭、学历、生活环境等综合条件相差无几的年轻人进行了一次问卷调查。其中关于人生目标明确度与长度的统计结果如下：

27%的人没有人生目标；60%的人有模糊的人生目标；10%的人有清晰的短期人生目标；3%的人有清晰且长远的人生目标。

25年后，该课题组对当年接受问卷调查的人进行了跟踪调查，统计结果表明：被调查者当前的生活状况与他们当年的人生目标调查情形联系极为密切，密切得颇为耐人寻味。

当年占3%的人生目标清晰而远大者，在随后的25年中，每个人的经历各不相同，其中有的还遭遇过令人难以想象的人生挫折，但每个人都不曾改变自己当初的人生目标，他们朝着自己年轻时选定的人生目标奋斗不止。结果，他们都成了社会各界的顶尖成功人士，其中不乏白手起家的创业者。

当年占10%的那些人生目标清晰却短暂的人，各自经过一番努力拼搏后，大都拥有了一份相对体面的工作，成为各行各业的专业人才，如教授、医生、工程师、部门经理等。他们如今都生活在社会的中上层，事业和生活状况都在稳步上升。

当年占60%的人生目标模糊者，在后来的日子里，大都没有进取的动力，喜欢随遇而安，虽然大多数人都拥有了一份较为稳定的工作，但他们的生活大多较为平淡，也没有什么特别的成绩可言。

而剩下的那27%的当年没有什么人生目标的人，25年后几乎不约而同地沉落到了社会的最底层。他们许多人没有稳定的工作和收入，生活窘迫，情绪低落，常常自怨自艾，也抱怨他人、抱怨社会。

主持这一课题研究的比尔·坎贝斯博士在他的研究报告中深切地总结道："其实有些问题非常简单，要赢得人生的辉煌，最重要的便是拥有一个清晰的人生目标。那些旗帜一样飘扬在每个人生命旅途中的目标，越是远大而清晰，越能够激发人们奋斗的热情，越能够促使人们挖掘出自身的巨大潜力。"

01 思考

那些成功人士没有过人的天赋，他们是怎样赢得人生的辉煌的？

02 心得

是的，无论是眺望历史，还是打量现实，我们都会十分容易地发现：那些业绩卓然的成功者，原本综合素质与众人并无多少明显的差异，只是他们心中有了明确的追求目标，有了梦想热烈的召唤，从而有了顽强拼搏的激情，有了不断进取的坚韧，有了虽经坎坷依然坚定向前的执着。最终，他们才拥有了令人羡慕的骄傲人生。

03 适用话题

人生目标·梦想与成功·潜力与奋斗

大师的最后一课

佚名

一位哲学家带着一群学生去漫游世界，十年间他们游历了所有的国家，拜访了所有有学问的人。现在他们回来了，个个满腹经纶。

在进城之前，哲学家在郊外的一片草地上坐了下来，说："十年游历，你们都已是饱学之士。现在学业就要结束了，我们上最后一课吧！"

弟子们围着哲学家坐了下来。哲学家问："现在我们坐在什么地方？"弟子们回答："现在我们坐在旷野里。"哲学家又问："旷野里长着什么？"弟子们说："杂草。"

哲学家说："对，旷野里长满杂草，现在我想知道的是如何除掉这些杂草。"

一个弟子首先开口，说："老师，只要有铲子就够了。"哲学家点点头。第二个弟子接着说："用火烧也是很好的一种办法。"哲学家微笑了一下，示意下一位。第三个弟子说："撒上石灰就会除掉所有的杂草。"接着讲的是第四个弟子，说："斩草除根，只要把根挖出来就行了。"

等弟子们讲完了，哲学家站了起来，说："课就上到这里。你们回去后，按照各自的方法去除一片杂草。没除掉的，一年后再来相聚。"

一年后，他们都来了，不过原来相聚的地方已不再是杂草丛生，它变成了一片长满谷子的庄稼地。弟子们围着谷地坐下，等待哲学家的到来，可是哲学家始终没有来。

若干年后，哲学家去世。弟子们在整理他的言论时，私自在最后补了一章：要想除掉旷野里的杂草，方法只有一种，那就是在上面种上庄稼。同样，要想让灵魂免受纷扰，唯一的方法就是用美德去占据它。

试想那些学生们的人生如果缺了这最后一课，即使学富五车又有多少意义？

01 思考

为什么说"要想让灵魂免受纷扰，唯一的方法就是用美德去占据它"？

02 心得

灵魂的纷扰是名、利、权等的诱惑，是丛生的野草；美德是真诚、正义、善良等，是长满谷子的庄稼。当利己且利人的美德占据了灵魂，丑恶的诱惑自然无隙可乘。

03 适用话题

美德与纷扰·学富五车与人文素养

帕瓦罗蒂的"椅子观"

陈鲁民

意大利著名男高音歌唱家帕瓦罗蒂已去世多年了，人们都在怀念他，怀念他那响遏行云的歌声，也怀念他不懈奋斗的一生。我不由得想起了他的"椅子观"。

帕瓦罗蒂生前在回顾自己走过的成功之路时说："当我还是一个孩子时，我的父亲——一个面包师，就让我学习唱歌。他鼓励我刻苦练习，培养嗓子的功底。当时我兴趣广泛，有很多爱好和目标……父亲告诫我说：'孩子，如果你想同时坐两把椅子，你就会掉到两把椅子之间的地上。在人生道路上，你应该选定一把椅子。'"

"经过反复考虑，我选择了唱歌。于是，我经过七年的不懈学习，终于第一次登台演出。又用了七年，才得以进入大都会歌剧院。而第三个七年结束时，我终于成了歌唱家。要问我成功的诀窍，那就是一句话：请你选定一把椅子。"

"选定一把椅子"，就是要专心致志干好一件事。

所以老百姓说"行行通不如一行精""一招鲜，吃遍天"等。一个人业余爱好尽可广泛些，但干事业一定要集中精力，心无旁骛，"选定一把椅子"，然后聚精会神地干下去，做到"术业有专攻"。

古往今来，凡有大成就大建树者，无不如此。李时珍选定的是采集中药治病救人的"椅子"，莱特兄弟选定的是造飞机这把"椅子"，巴尔扎克选定的是写小说这把"椅子"，他们都成功了。尽管一开始他们并不被人看好，尽管他们付出的代价也很大，可世界上哪有不付出代价就轻易成功的好事呢？

当然，"选定一把椅子"有个关键因素，就是"椅子"一定要选准选对。放眼望去，满世界都是"椅子"，花花绿绿，琳琅满目，但哪一把更适合你，却要认真思量，精心挑选。譬如帕瓦罗蒂，他从小就声带好、音域宽、乐感强，父亲和老师都认为他是唱歌的料，因而朝着这条路走下来就比较容易成功。一旦选定"椅子"，就应该坚定不移地为坐稳坐好这把"椅子"而努力奋斗，像帕瓦罗蒂那样，用一个又一个七年去实现自己的目标，才有了《我的太阳》那样绕梁三日的金石之音。

人生苦短，应当心无二用。当我们在欣赏帕瓦罗蒂留下的穿云裂石般美妙的歌声时，也请记住他宝贵的人生经验——"选定一把椅子"。

01 **思考**

我们的成长规划要怎样选定一把椅子？

02 **心得**

在设立人生的目标时，如果目标过多，就意味着你一事无成；如果只有一个目标，并坚定不移地为之奋斗，胜利将在不远处向你招手！帕瓦罗蒂的"椅子观"给我们留下深刻的思考：我们是否清楚地了解个人的实际情况？在选择目标时，是否秉持着蚯蚓"用心一也"的原则？在选定目标以后，有没有坚定信心并持之以恒？由此看来，胜利之果并不容易得到啊！如果我们彻底领悟"选定一把椅子"的真谛，全面认识自己，确立未来的目标，脚踏实地并持之以恒，那么胜利之果就在我们的身边！

03 适用话题

认识自己·心无二用·专心致志

请爱陌生人

朱国勇

中国红十字总会面向全国招聘一名副处级工作人员，并公开承诺重能力不重学历，重人品不重资历。

经过严格的初试、复试、政审、体检，最终有三人进入了面试，由中国红十字会秘书长王海京先生亲自主持面试。

面试开始了，在问答与抢答环节，三个年轻人思维敏捷、沉着大方、见解独到，真可谓一时俊杰，难分上下。听到精彩处，王海京秘书长也不禁频频点头，面露赞赏。

最后一道题播放的是一段视频：一个年轻靓丽的姑娘轻扬着马尾，穿过马路。突然，一辆大卡车疾速冲了过来。眼看惨剧就要发生，她旁边的一个小伙子猛扑过来，推开姑娘，自己却倒在了血泊当中。

王海京秘书长说："这是发生在山东济南的一场真实的交通事故。现在请你们根据画面中的蛛丝马迹来判断这个小伙子与这位姑娘是什么关系。"

短短三分钟的视频，就想判明两人之间的身份关系，可真是有难度啊！

第一个年轻人想了想说："他们是情侣关系，你看他们的上衣，分明是一套情侣装嘛！"

第二个人回答："他们是兄妹关系，我注意到了他们的鼻梁上都有一道明显的皱纹。现代医学证明，鼻梁上的皱纹都是遗传因素造成的。"说着，他颇为得意，这个发现可不是谁都能观察到的。

王海京秘书长笑了："你真细心啊，这么微小的细节都能注意到。"说完，他把探询的目光投向了第三个年轻人。

"很抱歉，我实在找不到任何有价值的线索。"第三位年轻人显得有点窘迫，有点语无伦次。前两位年轻人看在眼里，笑在心里，庆幸少了一位竞争对手。

"但我宁愿相信他们不过是萍水相逢的陌生人。"第三个年轻人顿了顿接着说，"在这危急关头，任何一位有良知的人都会挺身而出，又何必一定是情侣或兄妹呢？"

听了这个回答，王海京秘书长露出了欣慰的笑容。他走过来用力握着第三位年轻人的手，真诚地说："欢迎你的加入。"

01 思考

为什么第三个面试人通过了面试？

02 心得

其实这是一道心理测试题，目的是测试应聘者潜意识里首先想到的是什么，这也是一个人不加修饰最本真的意识。

是啊，亲情温馨，爱情动人，但是说到底，这些都是小爱，是一己之爱。而相信陌生人之间也能无私奉献的人，是心有大爱的人。红十字会是一个公益性组织，最需要的正是这种心有大爱的工作人员。

而只有当爱惠及陌生人时才是大爱。只有对陌生人充满爱与善意，社会才能变得更加文明、更加美好。我们把爱惠及陌生人时，往往也不知不觉成就了自我。

03 适用话题

小爱与大爱·爱人惠己·无私奉献

蔷薇的启示

张玉庭

一

路边开满了带刺的蔷薇花，三个步行者打这里路过。

第一个脚步匆匆，他什么也没看见。

第二个感慨万千，叹了口气："天！花中有刺！"

第三个却眼睛一亮："不，应当说刺中有花。"

第一个人挺麻木，他看不到风景；第二个人挺悲观，风景对于他没有意义；至于第三个嘛，是个乐观主义者。

那么您呢？您是哪一个？

二

路边的蔷薇热烈地开着，三个人走了过来，入迷地看着。

第一个欣喜若狂，伸手就摘，结果手被刺出鲜血。

第二个见此情景，赶紧缩回了正想摘花的手。

第三个则小心翼翼地伸出手，把其中最漂亮的那一朵摘了下来。

当晚，三个人都做了个梦：第一个人被梦中的刺吓得大喊救命；第二个人对着梦中的蔷薇无奈地叹着气；第三个人则被花的明媚簇拥着，在梦中，他听到了蔷薇的笑声。

三

老师在上课，津津有味地讲着蔷薇。

讲完了，老师问学生："你最深刻的印象是什么？"

第一个回答："是可怕的刺！"

第二个回答："是美丽的花！"

第三个回答："我想，我们应当培育出一种不带刺的蔷薇。"

多年之后，前两个学生都无所作为，唯有第三个学生以其突出的成就闻名远近。

01 思考

多年以后，为什么唯有第三个学生成就突出？

02 心得

三个步行者从不同的角度观察蔷薇，表现了不同的态度。作者对此进行了分析比较，赞赏第三个步行者，因为他拥有乐观的态度、谨慎的方法和远大的抱负。这里运用的就是收敛思维。与发散思维正好相反，如果说发散思维是"由一到多"，那么，收敛思维就是"由多到一"。

"蔷薇"启示我们不要因为它的尖刺而放弃摘取美丽，让我们巧妙地摘下生命中那朵心爱的蔷薇吧！

03 适用话题

乐观·谨慎·远大的抱负

勇敢是一种双重的爱

丁勉

父亲和女儿们谈关于勇敢的话题。

小女儿说，我常在电视中看到猎手追逐猎物的激烈场面。如黑豹为捕获羚羊，常腾跃而起、疾如闪电，一番拼杀；猎物为逃避捕杀，常会竭尽心机、奋勇向前，虽逃不出魔掌，但也死得悲壮。为了生存，动物的第一反应便是勇敢地追逐或逃窜。其实人也一样，危急时刻，为逃离火海，有人会从六楼纵身跳下；为脱离无情之水，即使只有一根稻草，有人也会抓住不放。因此，勇敢是一种本能的迸发与冲动。

二女儿说，有一位军人，在回家探亲途中路遇车匪，他赤手空拳与歹徒殊死搏斗。终因寡不敌众,身受重伤。生命垂危之际,他仍高昂着头呐喊:"捉歹徒!"在我看来,所谓勇敢,就是捍卫人格尊严的一个支点,有了它,即使你粉身碎骨,但你依然在人们心中树起了丰碑。

大女儿说,先听我说一个关于美国女孩玛丽的真实故事。一天玛丽打开门时,发现一个持刀男子凶狠地站在门前。不好,遇到劫匪了!这一念头骤然跃入玛丽的脑海,但她迅即便镇静下来。她微笑着说:"朋友你真会开玩笑,你是推销菜刀的吧?我喜欢,我要一把。"接着便让男子进屋,还神采奕奕地对男子说:"你很像我以前一个热心的邻居。见到你我真的很高兴,你要咖啡还是茶?"原来满脸杀气的男子竟有些拘谨起来,忙结巴地说:"谢谢,谢谢。"片刻,玛丽买下了那把菜刀。男子拿着钱迟疑了一下便走了。在他转身离去的一刹那,男子对玛丽说:"小姐,你将改变我的一生……"大女儿继而说,其实,所谓勇敢,乃是通过自己的沉着冷静和智慧努力做到既拯救自己,又挽救别人!勇敢者的座右铭,就是要学会双重的爱。

01 思考

三个女儿话说"勇敢",请你一一评点。

02 心得

小女儿说的勇敢倾向于生理方面,二女儿说的勇敢倾向于心理方面，而大女儿说的则是一种智勇双全的全新意义上的勇敢。

⑬ **适用话题**
本能迸发·人格尊严·智勇双全

喝茶喝出的诺贝尔奖

田力

剑桥大学是世界上最古老的大学，创建于1209年。最让剑桥大学骄傲的是，他们拥有五十多位诺贝尔奖得主。

剑桥大学有一个传说：学校每天都让教授们免费喝下午茶。

因此，一到下午茶的时间，各个学科的教授都会聚集在一起，一边喝着茶，一边热烈地讨论着各种问题。

这天喝下午茶时，化学教授桑格还在思考课题："DNA的结构到底是什么样子？"他想来想去，实在想不出来，最后向一起喝茶的教授们求助。

物理系的彼得教授建议说："不如试试物理的方法吧。"

生物系的一位白胡子教授也来了兴趣，让桑格参考一下自己的研究方法。一时间，几乎所有喝茶的教授都在替桑格想主意。

下午茶时间结束了，桑格也收集到了各科最顶级教授的建议，然后根据这些建议，继续埋头实验。

一年之后，桑格终于发现了DNA的结构。不久之后，他获得了1980年诺贝尔化学奖，这是他第二次获奖了。

又到了下午茶时间，桑格谦虚地对大家说："我想，这个荣誉应该归功于下午茶，因为它能够让我们充分地交流沟通。"

01 思考

剑桥的下午茶为什么能喝出诺贝尔奖？

02 心得

"如果我有一种思想，你也有一种，彼此沟通，每个人会有两种甚至更多种思想。"一个人的智慧非常有限，但是，如果把几个人的智慧累加起来，就会产生巨大的效用，甚至推动世界的发展。

03 适用话题

沟通交流·智慧累加

批判性思维

——先有蛋还是先有鸡

美国心理学家布鲁姆把知识分为六个层次：记忆、理解、应用、分析、综合、评价。其中，"记忆""理解"和"应用"属于低级思维技能；"分析""综合""评价"则属于高级思维技能，即思维的批判性，亦称批判性思维。所谓批判性，不是一概否定，而是分析判别，评论好坏、是非、优劣、正误、得失、美丑等。批判性思维强调反省、质疑的思想框架，突破思维定式，从普遍认为的权威、真理中找出不合理的因素，知道如何发现问题，如何分析问题，最终如何解决问题。从这个角度看，批判性思维是创新思维的基石。

正视无知

蒋光宇

在古雅典城里有一座德尔斐神庙，供奉着雅典的主神阿波罗。相传那里的神谕非常灵验。当时的雅典人一遇到重大的或疑难的问题便到神庙去求谶。

有一回，苏格拉底的一个朋友到神庙去求谶："神啊，有没有比苏格拉底更有智慧的人？"

得到的答复是："没有。"

苏格拉底听了，感到非常奇怪。他一向认为，世界这么大，人生这么短促，自己知道的东西实在太少了。既然如此，神为什么说他是最有智慧的人呢？

为了弄清楚神谕的真意，他拜访了雅典城里许多以智慧著称的人，包括著名的政治家、学者、诗人和工艺大师。结果他失望地发现，尽管他们这些人的确具备某一方面的丰富知识和才能，但却个个盛气凌人，自以为无所不知。

苏格拉底终于明白了，神谕的意思是：真正有智慧的人，不仅要具有丰富的学问、才华和技艺，而且更要懂得面对无限的世界，任何智者的学问、才华和技艺都是沧海一粟，都是微不足道的。正因为自己懂得自己的无知，而那些自以为是的智者不懂得自己的无知，所以神谕才说他是最有智慧的人。

在苏格拉底领悟了神谕的含义之后，遇到了一个自以为聪明绝顶的年轻人。于是，苏格拉底便给年轻人出了一个问题："世间是先有蛋还是先有鸡？"

年轻人不假思索地回答："鸡是从蛋里孵出来的，自然是先有蛋啦！"

苏格拉底反问道："蛋是鸡下的，没有鸡，蛋从哪里来？"

年轻人想了想说："那还是先有鸡！"

"你刚才已经说过，鸡是由蛋孵出来的，没有蛋，鸡从哪儿来？"

年轻人抱怨道："你怎么提出这样一个怪问题呢？现在我也问你这个同样的问题：你说是先有蛋还是先有鸡？快说吧！"

苏格拉底老老实实地回答说："我不知道。"

年轻人笑了："这样看来，你和我其实差不多啊！"

苏格拉底也笑了："不！你是以不知为知，我是以不知为不知。以不知为知是无自知之明；以不知为不知是有自知之明！"

"知之为知之，不知为不知，是知也。"正视无知，这不仅是孔子，而且也是苏格拉底十分注重传授的道理。

01 思考

为什么要正视无知？

02 心得

知之为知之，不知为不知，这就是世间最高的智慧。不懂装懂，不知道还要硬装着知道，这就是世间最大的愚蠢。没有人会懂得世间的一切，即使是先知圣贤们。连圣人们都在不断学习着，我们又怎么能自以为懂得所有？

03 适用话题

无自知之明与自知之明·正视无知·智慧

钱理群讲课的魅力

张卉妍

钱理群，1939 年出生，北京大学资深教授，20 世纪 80 年代以来中国最具影响力的人文学者之一。他以对 20 世纪中国思想、文学和社会的精深研究，特别是对 20 世纪中国知识分子历史与精神的审察，得到海内外的重视与尊重。钱理群近年来关注教育问题，多有撰述并为此奔走。他被认为是当代中国批判知识分子的标志性人物。

在北大，曾经有一句话在学生们中非常流行：一个读书人没有见识过钱理群讲课的魅力，不能不说是个遗憾。

为什么这么说呢？一位学生的生动描述或许多少能够补偿一点这种缺憾。

"钱理群的选修课在北大很受欢迎。限定中文系的课，外系的学生也会来旁听；限定研究生的课，本科生也会来抢位子；因为人多，原定在小教室上的课不得不转移到大教室。有时一学期要换几次教室。上过钱教授的课的人，都会对他独一无二的讲课风格留下极深的印象。钱教授在北大开过不止一轮的鲁迅、周作人、曹禺的专题课。在北大，中文系老师讲课的风格各异，但极少见像钱教授那么感情投入的人。由于激动，眼镜一会儿摘下，一会儿戴上，一会儿又拿在手里挥舞，一副眼镜无意间变成了他的道具。他写板书时，粉笔好像赶不上他的思路，在黑板上显得踉踉跄跄，免不了会一段一段地折断；他擦黑板时，似乎不愿耽搁太多的时间，黑板擦和衣服一起用；讲到兴头上，汗水在脑门上亮晶晶的，就像他急匆匆地赶路或者吃了辣椒后的满头大汗。来不及找手帕，就用手抹，白色的粉笔灰沾在脸上，他变成了花脸。即使在冬天，他也能讲得一头大汗，脱了外套还热，就再脱毛衣。下了课，他一边和意犹未尽的学生聊天，一边一件一件地把毛衣和外套再穿回去。谈到当下高等教育的问题所在，他语惊四座：我们的一些大学，包括北京大学，还在培养一些'精致的利己主义者'。他们高智商，世俗，老道，善于表演，懂得配合，更善于利用体制达到自己的目的。这种人一旦掌握权力，比一般的贪官污吏危害更大。如果是讲他所热爱的鲁迅，有时你能看到他眼中闪亮的泪光，就像他头上闪亮的汗珠。每当这种时刻，上百人的教室里除了钱教授的讲课声之外，静寂得只能听到呼吸声。"

是的，正如这位同学的描述一样，钱理群教授的课生动、充满激情、广受欢迎。

01 思考

钱理群教授的课为什么广受欢迎？

02 心得

大学之大者，非大楼之谓，乃大师之谓也。北大之所以在中国众学府中脱颖而出，就是因为有钱理群这样的大师。他们将自己的心放在了讲台，放在了学校，放在了学生们身上。他们的热情态度将北大的课堂演变成艺术的殿堂，而他们也正是以艺术创作的态度在授课。

03 适用话题

批判性知识分子·大师·精致的利己主义者

富翁和渔夫

陈晓

富翁在海滨度假，见到一个垂钓的渔夫。

富翁说："我告诉你如何成为富翁和享受生活的真谛。"

渔夫说："洗耳恭听。"

富翁说："首先，你需要借钱买条船出海打鱼，赚了钱雇几个帮手增加产量，这样才能增加利润。"

"那之后呢？"渔夫问。

"之后你可以买条大船，打更多的鱼，赚更多的钱。"

"再之后呢？"

"再买几条船，搞一个捕捞公司，再投资一家水产品加工厂。"

"然后呢？"

"然后把公司上市，用圈来的钱再去投资房地产，如此一来，你就会和我一样，成为亿万富翁了。"

"成为亿万富翁之后呢？"渔夫好像对这一结果没有足够的认识。

富翁略加思考说："成为了亿万富翁，你就可以像我一样到海滨度假，晒晒太阳，钓钓鱼，享受生活了。"

"噢，原来如此。"渔夫似有所悟，"那你不认为我现在的生活就是你说的那些过程的结果吗？"

---

01 思考

有人说，这个故事告诉我们：很多时候别人孜孜以求的，正是我们现在拥有的，只是我们自己浑然不觉而已。所以，比起追求我们追求不到的，我们应该更加珍惜我们已经拥有的。

你赞同这个观点吗？

⑫ 心得

显然，这样的感悟是站在渔夫这个狭隘的角度来看问题的。

这个渔夫的身份隐喻了我们当代社会中的大部分人：大多数人为了生计，为了家庭，都像渔夫一样，不得不每天工作在自己的岗位上，朝九晚五，就此了了一生。现在突然来一个这样的故事，真是让人解气啊！

如果站在亿万富翁的角度来看同一个问题，又是另外一回事。对于富翁来说，他的享受生活并不只是来海边晒太阳，而是享受着选择生活的权力：今天他可以来晒太阳，明天他又可以去骑马，后天他还可以去森林里打猎……这些对于渔民、放牧人、猎人来说都是职业，当然觉得不稀奇，但对于富翁来说是新奇的。关键在于富翁玩腻了就可以去选择其他的，他有这种权力；渔夫为了生计，只能终日守在沙滩上，每天重复着他的生活，终老至死，这正是他生命的悲剧所在。而且更重要的是，富翁自身奋斗的过程就是一种生命的体验，这是终日打鱼的渔夫无法体会到的。

在阶层固化相当严重的今天，这类"心灵鸡汤"让生活在下层的人们知足常乐。这才是问题的本质。

⑬ 适用话题

批判性思维·知足常乐·透过现象看本质

这些骗了我们多年的"假鸡汤"

朴丽娜

记得小时候，为了教育我们听话、上进、勤奋，家长和学校可以说是煞费苦心。尤其是课本中那些耳熟能详的故事，还有许多家喻户晓的名人名言。但是，好多故事和名言如今被扒出，要么是杜撰，要么就是以偏概全……爱迪生救了妈妈一命？

小学课本中有一课《爱迪生救妈妈》，说爱迪生刚满七岁时，就用镜子反光的原理来照明，使医生在自己家里为妈妈紧急做了急性阑尾炎手术。

真相： 且不论用镜子反光这样的方法能不能实现阑尾炎这种需要"无影灯"才能进行的手术，单从时间看，这篇文章就已经漏洞百出了。最早对阑尾炎进行手术的论述是1886年。爱迪生生于1847年，电灯发明于1879年，1886年爱迪生已经是一个40岁的已婚男人了。

华盛顿砍了樱桃树？

在故事中，华盛顿是个诚实的孩子。他无意砍倒了爸爸最爱的樱桃树，主动承认了错误，不但没有被批评，反而得到了夸奖：你的诚实比所有樱桃树都宝贵得多。

真相： 这其实是个叫 Mason Locke Weems 的牧师为宣扬华盛顿的美德凭空杜撰的故事。据考证，华盛顿童年时期居住的房子并没有种植过樱桃树的痕迹。不知道这个编得有模有样的故事"忽悠"了多少孩子呢？

爱因斯坦到底成绩咋样？

当我第一次听到爱因斯坦小时候成绩不好，数学考试只拿到一分的时候，非常同情他。还有说爱因斯坦"脑子不好"，成绩很差的。那时只觉得我比他可强太多了。

真相：其实爱因斯坦成绩好着呢！在德国的学校，一分就是"优秀"的意思。所谓的成绩差，只是因为爱因斯坦后来养成了独立思考的习惯，导致有些偏科罢了，干嘛非得说人家有点傻呢？

---

01 思考

如何看这些"假鸡汤"？

---

02 心得

显然，这些"假鸡汤"是善意虚构的。

如果是寓言童话，虚构夸张无可厚非；如果有真人真名、时间地点，这样的虚构会误导学生。如果孩子们发现基本情节不靠谱，那么附着在此事上的道德观会不会被怀疑呢？

---

03 适用话题

杜撰·虚假·误导

漂流瓶的故事

江群

曾经听过一个很美丽的故事：有个少年甲，将自己的姓名、住址写在纸条上，放入空瓶中，制成一个个漂流瓶投进江里。接下来的日子，漂流瓶被许多素不相识的人拾起，他们给少年甲写信，和他成了好朋友。一个漂流瓶更是漂洋过海，被异域少女琼斯拾得，她也和少年甲成为笔友。数年后，琼斯远涉重洋来到中国，同甲一见钟情。甲在琼斯的担保下去了外国留学，毕业后与琼斯双双任职于联合国一重要部门。在他们的新婚典礼上，有人问他们是怎样跨越千山万水走到一起的。甲深情地拥着琼斯说："我们的爱情缘于一只小小的漂流瓶。亲爱的朋友们，如果你们也想获得同我们一样的幸福，就请开怀畅饮，喝光所有瓶中的酒，制作漂流瓶吧。"

听完这个故事后的某个夏日，我也想浪漫一下，就用现学现卖的美术字写了十几份有我住址的纸条，洒上香水并封入瓶中。傍晚，我带着这些宝贝来到小河的浮桥中段，对每个漂流瓶进行了热吻，温柔地将它们放入水流。漂流瓶装着我的梦想与希冀漂向远方。这条河在几百里外汇入鄱阳湖，鄱阳湖的出口便是长江，长江的前面是大海……

之后便是等待，焦急而漫长的等待。

一个月后，我收到一封陌生的信件，来自鄱阳湖边的一个城镇，字迹娟秀，我眼前顿时浮现出一个妩媚的女子。欣喜若狂地拆开，她写道：你这个流氓，我八岁的弟弟捡到你乱扔的酒瓶子。他好奇地打开，双手被割得鲜血淋漓，在救治中共花医药费 120 元。你马上寄钱来，不然，我们就拿着你写的字条去告你!

我心中很内疚，乖乖地寄了钱过去。又过了一个月，我收到了第二封信，来自上海，是一封公函。意思是说我的漂流瓶对江面造成了污染，违反环保法规某某条，特罚款 330 元，并加收打捞漂流瓶的人工费 100 元，出勤费 70 元，共计 500 元。信中提醒我，如果不想让上海的环保执法人员出趟远差上门索要的话，罚款必须在一个月内交付。

其时我正在读大学，如果和上海来的人在校园里交涉……只好如期汇款。

时间一天天过去，漂流瓶引来的信件已让我变成一只惊弓之鸟。若干年后的一天，我收到大洋彼岸的一封信，我小心翼翼地抽出信件。信很短，但我连一个单词也不认识，既不是英文，也不是我选修的德文。我还是很细心地在信上搜寻，没发现有表示金钱的符号，也没发现表示大小的阿拉伯数字，看来这一次没有人要和我的腰包为难了。

信上是葡萄牙文。我把信交给懂葡文的老师，心中有些羞涩，有些激动。要知道，巴西女郎的激情举世闻名，如果她信中大谈异国情缘——虽然这正是我希望的，却足以令我脸红耳赤，因为我的脸皮是那么薄！

老师看完信告诉我："信是一个叫琦丝丽的女孩写的，要翻译出来吗？"我眼中闪着异样的光辉，连忙说译出来译出来。他说你听着，随即大声念道：

"可耻，可耻！破坏海洋环境的人最可耻！"

01 思考

为什么我们读完这个故事再也笑不起来？

02 心得

浪漫的标题演绎的却是严肃的主题，但我相信，你会笑着读完它，读完后，你却再也笑不起来，陷入深深的思索。把这个故事讲给身边的人听吧，希望漂流瓶的故事再也不要重演，也希望每一个海洋的儿女保护好自己的母亲。

03 适用话题

污染环境与保护环境·浪漫·严肃

王子的救赎

莱索托

哈里王子是英国查尔斯王储和戴安娜王妃生的第二个儿子。1997年，母亲戴安娜王妃去世后，小王子哈里大病一场。病好后，他变得任性、暴躁、冲动，甚至吸食大麻，夜不归宿。祖母伊丽莎白女王忧心忡忡地把小王子叫到身边来。小王子望着祖母那满头银发和温暖的眼神，泪流满面地对祖母伊丽莎白女王说道，请祖母放心，他要自我救赎，让自己的灵魂得到彻底的洗礼。

2008年2月24日，小王子哈里来到非洲东南部的内陆国家莱索托首都马塞卢。在这片贫瘠、荒凉的土地上，小王子看到和感受到的不仅是一种荒凉，还有一种人性的善良和淳朴。他来到一处正在施工的建筑工地，找到工地负责人，要求在这里当一名建筑工人。

这处正在热火朝天建设的工地是中国建筑集团七公司帮助马塞卢援建的"马塞卢慈善中心学校"。工地负责人对小王子进行一番考核后，让他到工地食堂的猪圈去喂猪，工钱是每天四美元，和工地上的黑人的工资一样。

几个月下来，小王子皮肤晒得黝黑，但是，体格却变得更加强壮，笑容更加灿烂了。更重要的是，经过几个月在工地上与中国人和非洲人同吃同住同劳动，中国人的热情、友爱和善良，还有非洲人的淳朴、吃苦和憨厚，无不给小王子的心灵带来极大的震撼。他的灵魂得到最圣洁的洗礼，他对过去自己的所作所为从心里发出深深的忏悔。

当英国驻莱索托大使馆的大使找到中国的这片建筑工地时，发现"失踪"的小王子竟在这里当上了一名建筑工人，一颗忐忑不安的心终于如释重负。大使的一番话让在场的所有人都惊呆了。他们没想到，眼前这个衣着朴素的白人小青年竟是英国的哈里王子。中方经理告诉大使先生，哈里王子在这里表现得很好，是一名合格的建筑工人，由于表现突出还受到表彰呢。哈里王子听到夸奖，脸上溢出一缕羞涩，他激动地说道：是中国人的优良品质、非洲人坚韧耐劳的精神鼓舞了他，在这里，他学到了人生中最宝贵的东西"温暖和爱"，这让他终身受益，回味无穷。

哈里王子铺开纸张，提笔给在天堂的母亲戴安娜王妃写了一封信："妈妈，我在中国帮助援建马塞卢的建筑工地上成了一名打工仔。这里虽然工作很辛苦，但却让人充满感动和温暖，它让我找到一种不曾有过的快乐和幸福。我会和您一样，今后，不管遭受了多大的人生不幸和挫折，都要坚强地走下去，并要尽力地去帮助那些比自己更为不幸的人。我相信，我的人生轨迹正悄悄地发生着巨大的变化，它给了我一个崭新的人生理想和奋斗目标。我要自己拯救自己。"

01 **思考**

读了哈里的故事，我们可以分享你的感受吗？

02 **心得**

迷失自我、没有方向的人，应该学会自我拯救。自己拯救自己，是一种真

正的心灵救赎和感悟。这种救赎和感悟是只有经历过浴火涅槃才会得到的一种灵魂的洗礼。

03 **适用话题**

救赎·感悟·灵魂的洗礼

"叹息桥"的价值

佚名

意大利"水城"威尼斯的西北部有一座古罗马帝国时代的皇宫，历经岁月侵蚀，早已破败不堪，虽然政府极力保护，但访客寥寥。而皇宫西面一座封闭的小石桥却每天都有游人络绎不绝，这源于它奇怪的名字"叹息桥"。

"叹息桥"早在1 000年前就已存在。在古罗马帝国时代，它本是皇宫的一部分。当时，国王为了巩固专制，会在皇宫内直接审讯犯人，罪名落实后，士兵会押送他们经过"叹息桥"，进入一桥之隔的地牢内服刑。与众不同的是，能通过"叹息桥"进入地牢的犯人都是高级官员，而且所犯罪名全部都是腐败。其他官员可旁听审讯过程，在向他们宣示皇权的同时，也是对他们的一种警示。

试想一下，桥的一边是富丽堂皇的皇宫，另一边则是幽暗阴沉的监狱，从天堂到地狱仅一步之遥。当犯罪官员从这座桥上走过，面对人生的急剧落差，就会情不自禁地发出长长的叹息，这就是"叹

息桥"的由来。

封建时代结束后，皇宫与地牢早已废弃不用，但"叹息桥"的声望却与日俱增。无论是封建社会还是资本主义社会，腐败永远是威胁当权者的最大毒瘤，而"叹息桥"的警示作用独一无二，因此，意大利政府把它作为珍贵的文物保存了下来。从政府制定的保护措施来看，"叹息桥"的价值甚至要高于与它紧紧连接的古罗马皇宫。

"叹息桥"除了历史悠久，在外观上并不出众，它引来世界瞩目完全是因为它所包含的特殊意义。当世界各地的旅游者来到这里，面对这座在历史长河中"失足官员"曾经走过的"叹息桥"，都会发出各自的感叹，对各自的人生也有了更为深刻的思考，我想，这才是"叹息桥"真正的价值所在。

01 **思考**

怎样防止官员走过"叹息桥"？

02 **心得**

腐败是不同社会面对的相同问题，严格的法治是治理腐败的一剂良药。威尼斯的"叹息桥"正是严肃无情的法律的象征。一个社会想要有序发展，就需要官员遵守自己的职责，不用公权为私利服务，反贪应是每个政府严格执行的政策。

03 **适用话题**

腐败·警示·法治

指尖上的语言

张丽钧

轻慢他人的人，自我的心灵会更多地蒙羞；尊重他人的人，会不期获得至高的尊严。

参加一个企业管理培训班。培训师在谈到管理者的亲和力时，一针见血地指出某些人身上带着一种"比癌细胞更为有害、更为难医的官宦之气"。他说，最让人悲哀的是，沾染了这种官宦之气的人往往浑然不觉，而目睹了这种官宦之气的人往往见怪不怪。

培训师轻轻点击鼠标，大屏幕上出现了一个身着西服的人，那人似乎是在主持一个记者招待会。在他面前，摄像机、照相机和举手的人被模糊掉了，最夺人眼目的是他僵硬地直伸着的手臂和更加僵硬地直伸着的那根食指。培训师给这个画面配音道："你！你！就是你！回头瞅别人干吗？就是你！——有什么问题？快问！"他话音一落，我和在场的学员都忍不住悄声笑起来。培训师再翻页，依然是衣冠楚楚的人站在主席台上，伸出一根夺人眼目的食指指向罪犯般的提问者。一连翻了七八页，那些人的食指惊人相似地重复着同样的话语。

我们谁都笑不出来了，会场上有了叹息声。

培训师说："想听听我搜集这些图片的过程吗？大约五年前，我留意到了第一幅肆意指点人的摄影作品，于是，我将它加进了我的幻灯片里，想以此提醒管理者注意自己的一些无意行为。后来，我居然接二连三地在各种媒体上看到了相似的画面。我便想：只要能够截取的，我就截取下来加进我的幻灯片中，看究竟能收藏多少。刚才你们已看到了——我的藏品已多到了让我这个收藏者心痛的地步。因为指点惯了，不恭惯了，粗暴惯了，刁蛮惯了，所以，一些人用指头戳起别人来就分外自然——我想问问在座的各位，当你们的嘴按照上面的要求或者某本管理宝典上的点拨对员工说着春风般轻柔的话语时，你们的身体和内心能不能说出同样动听的话语呢？我想，我们要表达对他人的尊重，不是会说您、请、对不起就 OK 了，我们要真正把员工、把他人放在心尖上，捧在掌心里。"

培训师说完，轻快地点了一下鼠标，画面上出现了一位衣着得体、笑容可掬的女士。只见她站在主席台上，伸出右手，掌心向上，对台下做出一个亲切的"请"的手势。画面一转，依然是这位女士，不同的衣装，不同的背景，不变的是她动人的微笑和掌心向上的亲切手势。"章启月！"我们激动地高声喊出了这位前外交部发言人的名字。阴郁半晌的心终于放晴！会场一片欢腾，仿佛画面上出现的是我们期待已久的美丽自我！

培训师不失时机地说道："我相信你们已经听到了——听到了章启月女士指尖上无比美妙的语言……"

01 **思考**

怎样做才是真正的尊重？

02 **心得**

往往，我们把尊重理解得太狭隘了，只是把它限于言语上的礼貌。而真正的尊重是要将别人放在自己的心里，以欣赏的眼光、谦逊的姿态对待别人，体现在一个眼神、一个微笑、一个指尖动作上。

03 **适用话题**

尊重与不恭·指尖上的语言

不能改变世界，就改变自己

词叟

改变自己，总比我们去改变别人和世界要简单和容易。

在远古的非洲，人们还不知道什么是鞋子。一位部落酋长想到远方去和另一位部落首领结盟，可路实在太远了，而且遍布着毒蛇和荆棘。

酋长想赤着脚板去，但怕荆棘一旦把脚割破了，能不能靠一双破脚走到那个部落很难说。而且，赤着一双血肉模糊的脚板去，不仅是对别人的不尊重，说不定还会被那个部落的人瞧不起，那些人也许会指着酋长的破脚板说："这么贫穷又这么没有智慧的部落，和他们结盟有什么意义呢？"

酋长让部落里的智者们想办法。智者们想了好久，说："派一帮年轻人抬去怎么样？这样你的脚板就不会被荆棘和石块给割烂了。"酋长听了点点头，但马上又摇了摇头说："不行！让他们抬我去，虽说我的脚可以避免被割烂，但抬我去的那些人脚板肯定会被割烂的。一双烂脚板都会被人家瞧不起，何况几十双烂脚板呢？而且让别人见了我是被人抬去的，那个部落的人会认为我是个残暴又无情的酋长，肯定会从心眼里更瞧不起我的。"

酋长忧愁地皱着眉头说："不行，你们必须想出一个更好的办法来！"

智者们十分为难地走了。

过了几天，一个智者高兴万分地来拜见酋长说："至高无上的酋长啊，我终于想出一个绝妙的主意啦。"酋长一听，顿时眉开眼笑地说："快，快，快把你绝妙的主意告诉我！"这个智者得意地说："我们用兽皮给你铺一条路，一直铺到那个部落里去不就行了吗？"

酋长一听，不禁欣喜若狂地说："对呀对呀，这真是一个绝妙的主意！"但转而一想，酋长又忧愁了，他说："从我们这里一直铺到那个部落里去，这么远的路需要多少张兽皮啊？就是狩猎到我老死，也远远得不到那么多的兽皮啊！"智者们一想，是啊，那得多少张兽皮才够用呢？那么远的路，就是猎尽这大草原上所有的动物，它们的皮怕是也不够铺的。

酋长和一大群智者们把脑袋都想痛了，但是仍然想不出一个合适的办法来。

这时，一个年轻人闻讯来见酋长说："至高无上的酋长，我们虽然没有办法改变草原上的长路，但我们总应该有办法改变我们的脚板吧？"

酋长的双眼一亮，高兴地鼓励那个青年说："年轻人，快把你的好主意说出来！"年轻人走到酋长面前，从腰上解下两块兽皮，然后弯下腰去，用兽皮把酋长的脚包裹起来，说："这样您的脚板就不会被那些可怕的荆棘割破了。"酋长走到外面的野地里试了一试，惊喜地说："这真是一个绝对奇妙的主意！"

后来，那酋长果然就用兽皮裹着脚走到了那个遥远的部落，并且，他的脚板果然完好无损。

01 思考

当我们没有能力去改变世界时，我们怎么办？

02 心得

是的，在许多时候，我

们可能没有能力去改变世界，甚至改变我们周围的环境，但我们可以试着改变一下自己。

改变自己总比我们去改变别人和世界要简单和容易。

03 **适用话题**

改变世界与改变自己·创新

用力看，就是盲

标杆快跑

一位在国外的朋友给我发了一封电子邮件，说附件里有一个送给我的小礼物。打开附件，黑魆魆的背景上浮现出大卫·科波菲尔的脸，神秘的眼睛，诡异的笑容。旁边字幕徐徐变幻，好像大卫那催眠的声音——稍后，我将带领你进入魔法世界——你将成为魔法世界的见证人——你只是魔法的一部分——在这个简单的游戏中，你将看到我可以通过电脑深入你的思想。

然后，出现了六张扑克牌，都是不同花色的 J 到 K，每张都不一样。

然后——你在心里默想其中的一张。不要用鼠标点中它，只是在心里默想（我选了红桃 Q）——看着我的眼睛，默想你的卡片（我根本不相信，就真的挑衅般地看着他的眼睛，心想：就算你有什么厉害的软件，我不在键盘上做任何动作，你怎么可能知道我选中了哪一张？但是看着他那双深不可测的眼睛，还有那充满自信和诡异的笑容，我心里开始动摇……）——我不认识你，我也看不见你，但是我可以知道你的思想（真的吗？）——默想你的卡片，然后击空格键。

轻轻一击空格键，画面哗地一变，原来的六张牌不见了，然后出现了一行字：看！我取走了你的卡片！

我急忙去看，天哪！扑克牌只剩下五张，红桃 Q 不见了！真的不见了！！

大吃一惊的我马上再来一遍，这次选了黑桃 K。几个步骤下来，黑桃 K 又不见了！！

大卫真的通过电脑拿走了我想的牌？怎么可能？我只是默想，没有作任何表示，怎么可能会有这种结果？难道真的有魔法？！

我百思不得其解，发了邮件问那个朋友。他说："这是个诡计，我已经知道了。你再想想。"

我想了半天，不得要领，自惭拥有的是"文科头脑"，于是转发给了另一个朋友，他是个当年的理科高材生。过了一会打电话问他，他说应该是个概率的问题，他正在进行分析。我一听就知道他也是一头雾水，便再去追问那个大洋彼岸的"始作俑者"。

对方终于回答了我。他的回答令我再次失声惊呼：竟然是这样简单！

原来，第二次出现的牌完全是另外一组，虽然看上去和第一次的很相似——都是 J 到 K，但花色不一样，也就是说，第一次出现的六张牌第二次都不会再出现。不论你选哪一张牌，结果都是一样的。

但是我们为什么会上当呢？因为我们死死地注意其中的一张牌，你的注意力只集中在这一张上面，当然就只看到"它""没有了"。什么"默想"，什么"看着我的眼睛"，都是烟雾和花招。实质就是这么简单。

01 思考

看了这个游戏，你有何感受？

02 心得

我们不禁惊叹这种游戏的有趣，而且惊叹它对人的普遍心理的洞察和利用。一叶障目，不见泰山。许多人难道不是这样吗？总是选定了人生某一项内容作为自己的一张牌，重视它，在乎它，死死地盯着它，有它在，就觉得人生有希望、有光明、有分量、有温暖；如若在某一时刻发现它不翼而飞，人生就彻底崩溃，信念坍塌，日月无光……根本不知道其他几张牌是否还在，是否有变化，忘了人生从来就不是只有一张牌。

03 **适用话题**

　　一叶障目，不见泰山·变化

努力的方向对了吗

王海英

　　康多莉扎·赖斯是个黑人，父亲是基督教堂的牧师，母亲是音乐教师。父亲常带她去听教会里的各种音乐、献诗，耳濡目染加上天资聪颖，赖斯从小就显示出很高的音乐天赋，她还不会认字的时候就会认乐谱了。母亲从她两岁起就教她弹琴，她四岁时就举办了自己的独奏音乐会。

　　当时她家所在的亚拉巴马州是美国种族歧视最严重的地方，黑人被歧视为劣等民族。公共汽车上黑人只能坐后座，黑人白人不得同校学习，不得在一个泳池游泳，甚至不得使用同一个厕所。她发誓将来一定要出人头地，成为世界一流的钢琴演奏家，到纽约卡内基音乐厅开音乐会，用成绩告诉全世界：黑人绝不是劣等民族！

母亲告诉她一条残酷的规则：只有你做得比白人孩子高出两倍，才能和他们平等；高出三倍，才能超过对方。她谨记母亲的教诲，发奋学习，连跳两级，提前完成了初中学业，并且深爱的钢琴也一刻没有落下。

16岁时，她如愿进入著名的丹佛大学音乐学院，学习钢琴演奏，朝着既定目标稳步迈进。但是谁也没料到，后来发生的一件事彻底改变了她的人生航向。

大二那年暑假，她有幸参加了著名的阿斯本音乐节。在那里，她见到了几个音乐奇才，大感震惊。她眼里难度很高的几首曲子，几个十来岁的孩子竟然弹奏自如，而她勤学苦练好几年也无法达到他们的水平。

她突然意识到天外有天，自己的音乐天赋远不及这些孩子，如果还坚持朝音乐的方向发展，将永无出头之日。既然音乐不适合自己，无法做到世界一流，不如趁早放弃，另觅他途。这可是极为冒险的想法。当她征求父母的意见时，父母都以为她头脑发热，坚决反对。但她义无反顾，毅然放弃了为之奋斗近二十年的音乐梦想。她冷静下来，开始调整方向，感觉自己更适合学习政治，随后转入了丹佛大学国际关系学院。及时的转向为她的人生揭开了崭新的一页。

26岁那年，她以优异的成绩取得政治学博士学位，并破格成为斯坦福大学唯一的黑人助理教授。因为独到出色的政治见解，她渐渐在美国政界声名鹊起，后来又被邀入白宫，从此开始了辉煌的政治生涯。2000年年底，她成为美国第一位黑人女性国务卿，被称为"华盛顿最有权力的女人"。

不难想象，如果没有那次及时改变奔跑的方向，就不会有政治上叱咤风云举足轻重的赖斯，多的也只是一个可有可无的二流钢琴师。

01 思考

赖斯及时转向给我们什么启示？

02 心得

正如英国谚语所言：对于盲目航行的船来说，所有的风都是逆风。正确的方向的确至关重要。当我们发现自己付出太多却收获无几时，一味抱怨毫无意义，不妨问问自己：方向对了吗？

03 适用话题

天赋·调整方向·坚守与放弃

看到富人区的不同反应

冯骥才

在洛杉矶，一位美国朋友开车带我去看富人区。富人区就是有钱人的聚居地。美国人最爱陪客人看富人区，好似观光。到那儿一瞧，千姿万态的房子和庭院，优雅、宁静、舒适，真如人间天堂。我忽然有个问题问他："你们看到富人住在这么漂亮的房子里，会不会嫉妒？"

这位美国朋友惊讶地看着我，说："嫉妒他们？为什么？他们能住在这里，说明他们遇上了一个好机会。如果将来我也遇到好机会，我会比他们做得还好！"

这便是标准的"老美"式的回答——他们很看重机会。

后来在日本，一位日本朋友说他要陪我看看不远处的富人区。原来日本人也有这种爱好。日本的富人区小巧、幽静、精致，每座房子都像一个首饰盒，也挺美。我又想到上次问过美国人的那个问题，便问日本朋友："你们看到富人们住着这么漂亮的房子，会嫉妒吗？"

这个日本朋友稍稍想了想，摇摇头说："不会的。"继而他解释道，"如果一个日本人见到别人比自己强，通常会主动接近那个人，和他交朋友，向他学习，把他的长处学到手，再设法超过他。"

噢，日本人真厉害。我想。

前不久，一位南方朋友来看我，闲谈中说到他们的城市发展得很快，已经出现国外那种"富人区"了。我饶有兴趣地打听其中的情形，据说有的院子里还有喷水池、车库，门口有保安，还养了大狼狗。我无意中再次想到问过美国朋友和日本朋友的那个问题，拿来问他："有没有人去富人区参观？"

"有呀，常有人去看。但不能进去，在门口探一探头而已。"这位南方朋友说。

"心理反应怎么样？会不会嫉妒？"

"嫉妒？"他眉毛一扬，笑道："何止嫉妒，恨不得把那些富人宰了！"

我听后怔住了。

01 思考

看到富人时，你会嫉妒吗？请你比较一下三位朋友的态度。

02 心得

故事中的美国朋友积极、自信、注重机会。他相信别人能成为富人是抓住了机会，只要他能遇上一个好机会，就一定能比别人做得更好。

那位日本朋友也十分聪明。日本是一个崇拜强者的民族，对于比他们强的人，他们不会嫉妒，而是主动跟他交朋友，学习别人的长处后设法超越。

可是，故事中的中国朋友恰恰是我们一部分中国人的真实写照。当别人取得财富和成功时，不但不懂得赞赏，而且产生变态的仇富心理，怒火中烧！

嫉妒只会蒙蔽我们的双眼，除此毫无意义。因此，我们应该用健康的心态正视自己的不足，善于学习别人的长处，抓住机遇，奋力拼搏。这样，才能走向成功。

03 适用话题

抓住机遇·学习强者·仇富心理

莫须有与想当然

陈之藩

记得在小学的时候，每周都有作文课。国文老师除了在作文卷上有批语外，还把全班的作文排好了名次，当堂唱名发还。如名次排在后面，就显得非常难堪，所以大家对作文都很用功。我本来就喜欢作文，再加上努力，所以作文发还时，名字常在前几名之中。

一次作文，题目是"北风"还是"春风"我已记不清了，作完后我很得意。当时觉得下次发还时，我一定是在前几名之中。没有想到，不仅前几名没有我，甚至中间也没有，而是排在最后一个。我根本不明白是怎么回事。

下了课去问国文老师，老师说："这不像你这个小学生写的，一定是抄自什么杂志上的。"我惊讶得不得了，说："确实是我写的。"老师说："你不可能写这么好，你是抄的！你如果说你不是抄的，拿出证明来！"我也无从反抗，委屈地哭了一场。

小时候的很多事情现在几乎都忘了，唯独这次所受的委屈总是记得清清楚楚。

事情竟然无独有偶，我在大学三年级时，又出现了一次类似的事。那是考交流电路的课，有一道最低还是最高功率的问题，教授所讲过的是用微积分求最大或最小的方法。我在考试时嫌那个方法麻烦，竟异想天开用几何作圆，利用切线的关系找出答案来。那一次考试我又很得意，却没有想到这一题竟然得了零分——教授说我不会微积分；而这个几何方法呢，一定是从别处抄来的。于是我在小学所受的委屈再版了一次。

时光流水似地逝去，我在美国当了教授，又遇到一次类似的事，不过我扮演的不是学生而是教师的角色。

有一个美国学生提交了一篇学期论文当作期末考试。我翻来覆去地看他这篇论文，发现不仅风格清新，而且创新满满，令人不能相信是一个大学生所作。

我很自然地怀疑他是从什么地方抄来的。问题就这么极端：如果是抄来的，只有给不及格；如果不是抄来的，那就太好了。我到图书馆查了两天最新到的期刊，看看有无类似的东西，却不得要领。于是请教一位同事，问他该怎么办。

我这位同事对我提出的问题倒显得有些惊异。他说："如果你不能查出你的学生是抄来的，你就不能说他是抄来的。你的学生并没有义务去证明他不是抄来的，这是罗马法的精神。文明与野蛮的分际就在这么细微的差别上。我觉得这是常识，你却觉得这是个问题，好奇怪！"我不禁一怔：幸亏同事提醒，否则，那种委屈又会再版。

听了这一番教训后，我倒没什么惭愧的感觉，而是想起中国文化中好多好多莫须有与想当然的故事。

01 **思考**

"莫须有与想当然"和"罗马法的精神"是什么意思？

02 **心得**

"莫须有"的意思是不存在的，凭空捏造的；"想当然"的意思是无根据的，主观推测的。罗马法的精神是人人平等，公正至上，文中指"如果你不能查出你的学生是抄来的，你就不能说他是抄来的。你的学生并没有义务去证明他不是抄来的。"

03 **适用话题**

莫须有与想当然·人人平等·公正至上

一个外国孩子眼中的字典

陈亦权

约翰是我们学校特聘的外语教师。春节期间，他让远在英国的妻子和孩子一起来到中国和他团聚。

他的孩子小约翰在伦敦读中学，也从课堂里学会了一些简单的中文，和我们沟通起来虽然不是非常流利，但也还算可以相互理解彼此的意思。

有一天晚上，小约翰饶有兴致地说要自学中文，他一会儿翻《成语词典》学成语，一会儿翻《新华字典》掌握字义。正这么翻着，突然，他冲着我大声喊："陈老师，为什么'猪'的解释是这样的？太不可思议了！"

"猪"的注解哪儿不对了？我好奇地走过去看，只见字典上这样写着："猪：哺乳动物，肉可食，鬃可制刷，皮可制革，粪是很好的肥料。"

我看了看后对小约翰说，这是正确的。小约翰没点头也没摇头，但内心却似乎坚持着他自己的某种想法。他沉思了片刻又自言自语地说："这是对'猪'的解释，那'牛'字的解释又是怎么样的呢？"他刷刷几下就查到了"牛"字。这下，他似乎更加惊讶了，用不可置信的口吻大声念了起来："牛：哺乳动物，趾端有蹄，头上长一对角，是反刍类动物，力量很大，能耕田拉车，肉和奶可食，角、皮、骨可作器物！"

小约翰用惊讶的神色看着我。我也很纳闷地看着他：这没有什么不妥啊，本来就是这样的嘛！

小约翰眨了眨眼睛，居然又来了主意，要去查一查"驴"字的注解，我不禁也好奇地站在一边看着。查到"驴"字后，只见上面写着："驴：哺乳动物，像马，比马小，能驮东西、拉车、耕田、供人骑乘，皮可制阿胶。"

小约翰似乎对眼前的这本字典失望至极，他问我这类字典是不是给中国学生学习用的。我告诉他说大多数时候是学生们用的，但成人有时候也需要。小约翰听了叹了一口气说："这太令人震惊了，居然这样解释这些动物！"

我纳闷地说："你觉得字典上的解释是错的？"

"当然，而且还是非常错误的！"小约翰说，"人是大自然中的一员，大自然里的每一种动物和人类都是平等的。动物是人类的朋友，我们应该爱惜它们、帮助它们、保护它们，而不是去利用它们。你看字典中的解释，不是用来吃，就是用来做劳动工具，甚至要把它们杀死后做成产品，这完全不是它们的朋友应该做的事情。我觉得那些注解会让中国的学生从认字开始就觉得动物并不值得尊重，会觉得动物只是用来杀掉吃的食品或者是用来使唤劳动的工具，甚至是一种产品，这和'保护动物'的呼吁是完全背道而驰的！"

01 **思考**

你是怎么看小约翰质疑字典注解的？

02 **心得**

从小约翰的角度去理解，字典里对一些动物的解释确实缺乏"尊重"与"平等"，不是站在"朋友"的立场去介绍，而是站在一个屠夫的立场对动物做出了残忍的、不人道的、野蛮并且自私的注解。字典在我们眼中是权威、无可置疑的，但小约翰却能独立思考，敢于提出挑战，这是值得我们学习的。

03 **适用话题**

尊重与平等·野蛮自私·独立思考